Vladimir Antonov,
doctor en Biología

SEXOLOGÍA

Sexualidad infantil

Orígenes de la homosexualidad
y de otras patologías

Regulación de la función sexual

Aspectos bioenergéticos del sexo

Ética, religión y sexo

Traducido al español
por Nicolas Nessi, Micaela Rossi
y Anton Teplyy

2015

ISBN 978-1479335459

Este libro contiene una descripción científica, pero entendible para el público general, de los mecanismos y regularidades del desarrollo del aparato reproductor humano en el período embrionario, en la niñez y en la adolescencia.

También contiene una descripción completa, basada en resultados de experimentos pertinentes sobre animales, de los mecanismos según los cuales se forma la homosexualidad en ambos sexos.

El autor describe los métodos que permiten regular la función sexual y que varían desde la elección de una dieta apropiada hasta la autorregulación psíquica que incluye el trabajo con los chakras y meridianos.

Una parte significativa de este libro está dedicada al aspecto bioenergético de la interacción sexual, a la psicología sexual y a la ética, examinada incluso desde el punto de vista religioso. El autor da pruebas de que la sexualidad puede contribuir al crecimiento espiritual a través del desarrollo correcto de la esfera emocional, la refinación de la conciencia y el autocontrol ético.

Una bibliografía exhaustiva está presentada al final.

El libro está dirigido tanto a científicos especializados y médicos como al público en general.

Índice

Es bien conocido cómo los desórdenes sexuales pueden afectar el estado emocional de una persona, su estatus social y psicológico y sus actividades en la sociedad.

Entre las personas existen muchos problemas de este tipo. Así, en la edad adolescente el lugar principal entre éstos ocupa la atracción hacia la masturbación, que va en contra de las prohibiciones morales. En los años posteriores, el primer lugar lo pueden ocupar la insatisfacción sexual o, al contrario, el cansancio provocado por las relaciones sexuales forzadas. Aparte de esto, un número considerable de personas sufren de anomalías sexuales congénitas o adquiridas o de desórdenes funcionales del aparato genital, tales como la disfunción eréctil y la eyaculación precoz en varones y la anorgasmia en mujeres (en aquellos casos en los cuales ésta causa estados patológicos).

Bajo la influencia de los dogmas religiosos del judaísmo (los cuales fueron adoptados casi sin ninguna modificación por muchas iglesias cristianas), no se llevaron a cabo investigaciones sexológicas en los países europeos por muchos siglos y numerosos problemas de esta esfera fueron resueltos según la «ley» del Antiguo Testamento.

Los primeros trabajos serios sobre este tema fueron escritos en Europa recién a finales del siglo XIX [27,33-34,46-48,51,53-54,58-60,69].

A mediados del siglo XX, se logró un progreso significativo en este campo de conocimiento gracias a los estudios de un grupo de científicos americanos liderados por A. Kinsey [90-91].

En las décadas siguientes, se realizó una serie de investigaciones experimentales sobre animales en el campo de la neurofisiología sexual [57,78,96-97] y en los aspectos sexológicos de la psicología social [2,26,70,85-86].

Entre los estudios correspondientes realizados en Rusia en aquel tiempo, cabe destacar especialmente los trabajos de A.M. Svyadosch [64-65].

Después de la Perestroika dirigida por el presidente Gorbachov y gracias a la liberalización de la actividad editorial, en Rusia apareció un gran número de libros dedicados a temas sexológicos [41,49-50]. Entre éstos podemos destacar especialmente el libro *Sanación Sexual (Sexual Healing)*, de Barbara Keesling [49], en el cual la autora describe el sexo como una posibilidad de ayudar a otras personas contribuyendo de esta manera a la eliminación de una actitud egoísta en las relaciones sexuales.

En el libro que ustedes, mis lectores, leen ahora, he reunido el material acumulado por mí durante años de trabajo en el Centro Sexológico liderado por el profesor A.M. Svyadosch, en el Instituto de Investigación de Medicina Experimental y en el Instituto de Investigación de Obstetricia y Ginecología. Además, este libro contiene el material acumulado más tarde cuando ya empecé a estudiar y a divulgar el arte de la autorregulación psíquica y los métodos de autoperfeccionamiento espiritual.

Fases del desarrollo sexual

Este tema ha sido investigado tanto mediante las observaciones del desarrollo infantil de los humanos [29-32,48,53-54,59-60[1]] como de los animales [2-3,6,85-86 y otros]. A partir de estas investigaciones, fue demostrado que la pubertad no ocurre de una sola vez en la ontogénesis (el desarrollo individual durante la encarnación actual), sino que, al contrario, varias partes del aparato reproductor se terminan de desarrollar en diferentes momentos que a veces están separados por varios años.

Las primeras manifestaciones primitivas de la actividad del aparato reproductor en un niño y en las crías de los mamíferos pueden observarse en la erección del tejido cavernoso de los genitales incluso a pocos días después del nacimiento. Este tipo de erecciones ocurre como respuesta a estímulos no específicos, por ejemplo, como resultado de un susto, durante el llanto, al comer, al experimentar dolor, al reír, etc.

La segunda fase es conocida como la etapa de la «intersexualidad juvenil» que en la ontogénesis humana tiene lugar entre los 7-9 a los 15-17 años. En esta edad las glándulas sexuales incrementan la generación de andrógenos, hormonas sexuales masculinas que también están presentes en el organismo femenino y que son reguladores universales de la sexualidad (al nivel del sistema endocrino) en ambos sexos (ver [4]).

La influencia de los andrógenos provoca la intensificación considerable de las manifestaciones sexuales, especialmente en los varones. La ausencia de una orien-

---

[1] En este libro no analizaremos la visión de S. Freud sobre este problema, dado que nuestra opinión acerca de esta parte de su teoría está presentada en otras publicaciones nuestras [13].

tación sexual definida hacia los representantes del sexo opuesto de la misma especie biológica es típica de esta fase, lo cual es determinado por la inmadurez de las estructuras cerebrales correspondientes. En esta etapa la excitación sexual puede ser provocada fácilmente por estímulos inadecuados, tales como objetos inanimados, animales o representantes del mismo sexo.

Estas manifestaciones son típicas no sólo de humanos, sino también de todos los animales estudiados a este respecto y de por sí no deben verse como algún tipo de patología. Sin embargo, la transformación de estas reacciones en reflejos condicionados —a lo cual contribuye la falta de información apropiada entre los adolescentes acerca de las relaciones sexuales normales de los adultos— puede provocar la perversión de la inclinación sexual por el resto de la vida.

Debemos mencionar que reflejos condicionados muy duraderos a menudo pueden formarse justamente durante las primeras excitaciones sexuales.

Una de las manifestaciones sexuales típicas de la edad adolescente es la masturbación. Más del 90% de los varones y aproximadamente un 50% de las mujeres han tenido este tipo de experiencia en su pasado [47,90-91]. La masturbación es típica no sólo de humanos, sino también de todos los mamíferos estudiados a este respecto (ver [6]).

En el pasado la masturbación era considerada como un vicio terrible, un pecado y la causa de todas las enfermedades conocidas. No obstante, hoy esta opinión es rechazada como completamente infundada. Puede decirse con certeza que la masturbación (salvo los casos de su práctica excesiva) no causa directamente ninguna enfermedad específica y es la manifestación natural de la sexualidad en una determinada etapa del desarrollo sexual. Por el contario, los adolescentes que son intimidados con las «terribles consecuencias» de la masturbación, siendo incapaces de resistir el intenso deseo de liberar la tensión sexual, pueden desarrollar enfermedades mentales.

Con todo, no debe leerse en lo dicho que la masturbación frecuente en esta edad no tenga consecuencias negativas. El asunto es que la bioenergía durante los orgasmos provocados por la masturbación no se usa racionalmente. En vez de ser simplemente perdida durante tal orgasmo, esta energía podría haber sido sublimada y usada para el desarrollo intelectual y físico. Para lidiar con la masturbación adolescente, debemos usar métodos «positivos» de corrección, es decir, en vez de intimidar o amenazar al joven, debemos dirigir su atención a alguna actividad beneficiosa. Aparte de esto, la sexualidad juvenil excesiva puede atenuarse con una dieta balanceada, específicamente a través de sustituir los platos con carne y pescado por productos lácteos y huevos de aves.

La tercera fase del desarrollo de la sexualidad —la fase de la «sexualidad adulta»— comienza en los varones cuando se termina el proceso de maduración de las estructuras cerebrales responsables de la orientación sexual adecuada. En las mujeres esto corresponde al momento en el cual están psicológicamente preparadas para comenzar su vida sexual.

En el caso de los mamíferos, la base de la formación de la orientación sexual de los machos hacia los representantes femeninos de la misma especie es la reacción congénita de excitación sexual a los llamados «estímulos claves» [7]. (Esta reacción se manifiesta bastante tarde en la ontogénesis del individuo). En los mamíferos no primates, así como en los insectos y peces, estos «estímulos claves» están representados por las feromonas sexuales. Estas sustancias, generadas por glándulas especiales en los genitales femeninos, pasan a la orina y ayudan a los machos a encontrar hembras listas para la inseminación.

En experimentos especiales logré descubrir que las feromonas sexuales de las hembras caninas son producidas por las glándulas vaginales, y no por el sistema urinario. La orina únicamente las transporta fuera de los genitales.

Los mamíferos no primates machos (por lo visto, salvo los cetáceos) perciben las feromonas sexuales a través de su sistema olfativo (ver [70], entre otros).

Las feromonas sexuales son propias de cada especie. Uno de los ejemplos de la acción de estas sustancias es el comportamiento de los gatos machos adultos y saludables cuando huelen la tintura de valeriana. Se comportan así porque el ácido valérico es la feromona sexual de las gatas [56].

Entre los primates, incluso seres humanos, los «estímulos claves» para los machos son representados por la vista de los genitales femeninos (el sistema visual desempeña el papel importante también en el comportamiento sexual de las avés machos). En el curso de las relaciones subsiguientes entre los sexos tiene lugar —ya sobre la base de reflejos condicionados— la formación de la orientación sexual típica de un varón adulto (por supuesto, los factores no biológicos también tienen cierta influencia).

Los machos de los primates y, por lo visto, de todos los animales carecen de los «estímulos claves» que causarían una excitación sexual de tipo reflejo incondicionado en las hembras. La orientación sexual femenina se forma a través del mecanismo de reflejo condicionado y se basa en la orientación social intraespecífica, formada de acuerdo con las leyes de la «socialización primaria» [2,5].

La intensidad de la reacción a los «estímulos claves», por regla general, depende del nivel de andrógenos en el organismo. Cuando sus recursos bioenergéticos están agotados debido al cansancio, la desnutrición o la enfermedad, el nivel de andrógenos y, por consiguiente, la intensidad de este reflejo decrecen.

Sin embargo, como he descubierto en mis experimentos con perros, este reflejo puede restaurarse por medio de preparados farmacológicos, tales como andrógenos y estimulantes del sistema endocrino. Entre estos preparados se encuentran el propionato de testosterona, la metiltestosterona, el eleuterococo (*Eleutherococcus senticosus*) y el ginseng[2]. La misma regularidad que observé en los perros se observa en los varones.

Como hemos visto, la intensidad de este reflejo varía dependiendo de las condiciones generales del organismo del macho, lo que constituye uno de los factores naturales para seleccionar con propósitos de reproducción a los individuos saludables de quienes se puede esperar una descendencia más viable.

Regulación nerviosa
y endocrina de la función sexual

Los sistemas nervioso y endocrino participan juntos en la regulación de la función sexual. Las hormonas sexuales, producidas por las respectivas glándulas y la corteza suprarrenal, se distribuyen por el organismo en-

---

[2] Mientras que los efectos del eleuterococo se manifiestan dentro de los 2-3 días después de la ingesta y se mantienen varios días, el ginseng comienza a funcionar después de aproximadamente 20-30 minutos.

Actualmente, en las farmacias se puede encontrar otros preparados.

tero a través del torrente sanguíneo y crean un fondo informativo global para la regulación de los numerosos componentes del aparato reproductor e incluso de varias estructuras del sistema nervioso. Los llamados «órganos blancos» para cada tipo de hormona poseen células especiales o «receptores hormonales» en las cuales las moléculas de las hormonas se unen con las estructuras moleculares de estas células. Mediante este mecanismo las hormonas inician simultáneamente múltiples procesos en los tejidos nerviosos, glandulares y otros.

La producción de hormonas sexuales, a su vez, está regulada por las correspondientes estructuras del sistema nervioso central, a saber, por el sistema portal hipotalámico-hipofisiario. En este sistema las estructuras hipotalámicas regulan la actividad de la hipófisis, la glándula endocrina «más importante» del organismo, que a su vez regula, entre otros procesos, la actividad de las glándulas sexuales y de la corteza suprarrenal por medio de sus propias hormonas hipofisiarias.

Hay tres grupos principales de hormonas sexuales producidas por las glándulas respectivas y por la corteza suprarrenal: los andrógenos (hormonas masculinas), los estrógenos (hormonas femeninas) y la progesterona (hormona femenina). La síntesis de las hormonas sexuales comienza con la transformación del colesterol en progesterona, del cual luego se forman los andrógenos y de éstos últimos, los estrógenos. Esta sucesión de transformaciones de hormonas tiene lugar en los organismos de ambos sexos, con la particularidad de que los tres grupos de hormonas están presentes en sus tejidos corporales. No obstante, dependiendo del sexo, es decir, como consecuencia de las diferencias bioquímicas e histológicas sexuales de la estructura glandular, las hormonas propias del sexo del organismo son las que principalmente se acumulan y secretan al torrente sanguíneo.

Numerosos experimentos electrofisiológicos sobre animales han demostrado que prácticamente todas las grandes estructuras cerebrales participan en la formación de las reacciones del comportamiento sexual. Esto puede entenderse fácilmente si nos imaginamos la gran cantidad de información que entra al sistema nervioso central tanto del interior como del exterior y que es procesada para luego dar órdenes a las numerosas estructuras del cuerpo.

La comunicación entre el sistema nervioso central y los genitales se lleva a cabo a través de las vías nerviosas y por medio del sistema endocrino.

Las llamadas glándulas sexuales auxiliares, entre las cuales están las vesículas seminales, también desempeñan cierto papel en la regulación del nivel de sexualidad en los machos. Debemos examinar este tema con más detalle.

Las vesículas seminales son un par de glándulas del aparato reproductor masculino que se encuentran detrás de la vejiga urinaria y que se conectan con el conducto deferente. La secreción de estas glándulas participa en la producción del esperma, cuyo componente más importante es, por lo visto, la fructosa utilizada para nutrir a los espermatozoides. Las paredes de las vesículas seminales tienen una capa de fibra muscular, lo que indica su capacidad de contraerse.

Experimentos en ranas, realizados en el siglo XIX [68], demostraron que llenar artificialmente las vesículas seminales con un líquido produce un brusco incremento del impulso sexual. Existen evidencias indirectas de que estas glándulas participan en la regulación de la sexualidad humana de una manera similar [45]. Sin embargo, esto no ha sido confirmado ni en experimentos sobre humanos ni en experimentos sobre los animales de clase mamíferos.

En 1978 intentamos aclarar este asunto mediante algunos experimentos sobre conejos machos de raza chinchilla implantando objetos rígidos en sus vesículas seminales. De acuerdo con la hipótesis de trabajo, estos objetos deberían presionar sobre unos hipotéticos barorreceptores. Estos barorreceptores enviarían información a los centros cerebrales que regulan la intensidad del impulso sexual de los conejos, lo que, a su vez, causaría un incremento de este impulso.

Nuestros experimentos incluían la medición del impulso sexual de 8 conejos machos durante varios días. El índice de este impulso era el número de intentos de la cópula (expresados en las montas de los machos sobre las hembras) en períodos de 30 minutos (usamos hembras que no estaban en celo para evitar la cópula y para excluir tanto la influencia estimulante de las feromonas sexuales de la hembra como el factor de su actividad sexual).

Bajo anestesia con tiopentato (5 machos) o con éter (3 machos), implantamos piezas cilíndricas de PVC, con un diámetro de 2 milímetros y un largo de 10 milímetros, en ambas vesículas seminales de los conejos.

Las pruebas fueron reiniciadas dentro de los 2 días posteriores a las cirugías. Evaluamos los resultados comparando el número promedio de montas sexuales durante las últimas 3 sesiones de prueba anteriores a las cirugías con el número promedio de las mismas durante los primeros 3 días posteriores a la cirugía.

Para determinar la posible influencia sobre los resultados de las pruebas a) del intervalo de 2 días entre los experimentos y b) de la anestesia de los conejos, realizamos las siguientes pruebas de chequeo: a los 5 conejos sobre los cuales no se efectuó la cirugía se les dio un intervalo de 2 días entre las pruebas y a otros 3 conejos no operados inyectamos dosis, similares a las dosis de los conejos operados, de tiopentato de sodio (40 mg por cada kilogramo de peso) y también se les dio 2 días entre las pruebas. Aparte de eso, extirpamos las vesículas seminales de otros 5 conejos machos.

Como resultado de la implantación de cuerpos extraños en las vesículas seminales, todos los conejos machos que pasaron por la cirugía (salvo un caso en el que el implante perforó la pared de la vesícula seminal, por lo cual el número medio de montas sexuales permaneció sin cambios) demostraron un incremento del número medio de montas en 10.6, 10.3, 5.1, 1.8, 1.6 y 1.1 veces respectivamente (4.7 veces en promedio). A pesar de las suturas frescas en el abdomen, 6 de 8 conejos demostraron, ya en la primera prueba postoperatoria, el incremento del número medio de montas superior al número medio total de las 3 pruebas preoperatorias. Cuatro de conejos demostraron un incremento mayor al doble. Todos los 8 machos hicieron el número máximo de montas durante uno de los días postoperatorios.

Los resultados de las pruebas de chequeo fueron los siguientes:

Luego del intervalo de 2 días entre las pruebas, el nivel de impulso sexual en los cinco machos decreció levemente.

La anestesia de los animales de prueba tampoco incrementó el número de montas.

Por lo tanto, los resultados descritos anteriormente no pueden ser explicados por la influencia de estos factores colaterales.

La ablación de las vesículas seminales de 5 conejos resultó en una disminución insignificante del impulso sexual en el caso de dos de ellos (1.9 y 1.2 veces), mientras que los otros tres demostraron un leve incremento (2.4, 1.5 y 1.2 veces).

Así las investigaciones realizadas probaron que la irritación de los barorreceptores localizados en las vesículas seminales causa un incremento del impulso sexual en los conejos machos, lo cual se expresa en el incremento del número de intentos de cópula. Normalmente, tal impacto en los barorreceptores se produce por la secreción que se genera y se acumula en las vesículas seminales y que luego es excretada durante la eyaculación.

A primera vista, esta conclusión contradice los resultados de las pruebas en las cuales se extirparon las vesículas seminales, dado que tal extirpación, por lógica, debería haber disminuido significativamente el impulso sexual de los conejos machos. Y, de hecho, tales resultados habían sido obtenidos antes en experimentos con ratas [75,93], lo que hizo a sus autores concluir que la regularidad observada en ranas no se da en mamíferos. Sin embargo, esa supuesta contradicción desaparece si recordamos que las vesículas seminales son solamente uno de los numerosos mecanismos que regulan la sexualidad. Estos mecanismos pueden ser divididos en a) aquellos que establecen el nivel general de sexualidad y b) aquellos que realizan su regulación inmediata.

Entre los primeros se encuentran la influencia de las hormonas sexuales discutida anteriormente, la influencia activadora de las vesículas seminales al llenarse con su propia secreción, la posible acción inhibitoria de la secreción prostática absorbida por la sangre cuando no ha habido eyaculaciones por un largo tiempo [35] y también la influencia estimulante o inhibitoria por parte de los sistemas simpático y parasimpático del sistema nervioso autónomo.

Entre los mecanismos de regulación inmediata se encuentran los reflejos congénitos y adquiridos.

Por supuesto, ésta no es una lista completa de los factores que determinan el comportamiento sexual de un ser humano adulto. Los factores éticos, morales y muchos otros también desempeñan un papel importante.

El carácter multifactorial de la regulación del comportamiento sexual asegura una alta flexibilidad en el manejo de todo el aparato reproductor, lo que implica, entre otras cosas, su habilidad de seguir funcionando aún cuando algunas partes de este mecanismo fallan. El mejor ejemplo que lo confirma es la continuación, en algunos casos, de la actividad sexual por un tiempo prolongado después de la castración.

Tal carácter multifactorial también permite usar varios métodos y enfoques al tratar desórdenes sexuales. Las perspectivas más grandes en este caso tienen el conocimiento y los métodos prácticos que serán examinados en el capítulo *Aspectos Bioenergéticos del Sexo*.

Mecanismos de perversión de la orientación sexual

Entre las perversiones de la orientación sexual, la homosexualidad ocupa el lugar central. Por eso en este capítulo hablaremos principalmente de ésta. Los mecanismos de otros tipos de perversiones sexuales[3] que se forman sobre la base del reflejo condicionado se aclararán a medida que prosigamos.

El problema de formación de la inclinación homosexual ha ocupado las mentes de numerosos científicos por aproximadamente un siglo y medio. Sin embargo,

---

[3] Pueden leer sobre éstas en los libros citados.

ninguna teoría que pudiera proveer una explicación detallada de este fenómeno fue propuesta hasta las últimas décadas. Cierto progreso en la aclaración de este asunto se perfiló gracias al amplio uso de experimentos sobre animales.

A fines del siglo XIX y principios del siglo XX aparecieron dos puntos de vista acerca de los orígenes de esta enfermedad. Algunos científicos [27,33,46,58,69] consideraron que el factor dominante en la formación de la orientación homosexual es la predisposición congénita, dado que los primeros signos de esta enfermedad a menudo se observan desde temprana edad. No obstante, mientras que esta hipótesis explicaba la forma masculina pasiva y femenina activa de la homosexualidad[4] como un «hermafroditismo psíquico», el origen de la forma activa de la homosexualidad masculina, cuando se preservan tanto los rasgos masculinos externos como el carácter de la atracción sexual (excepto por su objeto), permaneció sin explicación. De la misma manera, a partir de esta teoría era imposible entender la forma pasiva de la homosexualidad femenina.

Posteriormente, otros investigadores, después de notar que las etapas iniciales del desarrollo de la homosexualidad se parecen a las etapas del desarrollo del fetichismo[5], el cual no puede ser considerado como una enfermedad congénita, empezaron a elaborar un nuevo

---

[4] Las formas activa y pasiva de la homosexualidad se distinguen dependiendo de la autoidentificación sexual del paciente, es decir, su sensación de pertenencia a uno u otro sexo.

[5] El fetichismo es la atracción sexual hacia objetos inanimados (fetiches). Los científicos distinguen el fetichismo mayor y menor. En el caso del fetichismo mayor, el fetiche desplaza completamente al objeto adecuado de la atracción sexual; en el caso del fetichismo menor, un fetiche necesariamente lo complementa.

enfoque que reconocía el papel dominante del ambiente en el desarrollo de estas enfermedades [29-32,46,48,53-54]. Dicho enfoque se basaba en la hipótesis de que durante una de las primeras excitaciones sexuales, se produce la formación de un «reflejo condicionado patológico» (según V.M.Bekhterev) hacia la acción o el objeto sobre el cual estaba concentrada la atención de la persona en aquel momento. Los científicos consideraron la etapa de la intersexualidad juvenil como la más peligrosa en términos del posible desarrollo de anormalidades sexuales.

No obstante, esta hipótesis no pudo explicar por qué, aunque todas las personas atraviesan esta etapa «peligrosa» en su desarrollo, sólo relativamente pocas de ellas desarrollan este tipo de anormalidades sexuales. Por ejemplo, según Kinsey y colaboradores [90], solamente el 4% de todos los varones (sin contar a los bisexuales) son exclusivamente homosexuales durante toda su vida, ¡mientras que el 60% han tenido experiencias homosexuales en la edad adolescente!

Tal como fue demostrado por investigaciones posteriores, ambos enfoques resultaron ser correctos en cierto grado, lo que discutiremos adelante.

Para poder explicar la posibilidad de la homosexualidad congénita, necesitamos examinar los procesos de diferenciación y desarrollo del aparato reproductor durante la embriogénesis.

Las glándulas sexuales de los fetos masculinos y femeninos se desarrollan a partir de las gónadas embrionarias originalmente indiferenciadas con respecto al sexo del feto. Aproximadamente en la 6a semana del período embrionario de la vida de un feto humano, comienza la diferenciación sexual bajo la influencia de la información genética proveniente de los cromosomas sexuales.

En un feto masculino una parte interna de las gónadas comienza a desarrollarse y luego de ésta se forman los testículos; en cambio, en un feto femenino comienza a desarrollarse la parte cortical, de la cual luego se forman los ovarios. Este proceso de diferenciación finaliza en términos generales cerca de la 7ma semana de vida fetal. Después las llamadas células intersticiales de las glándulas sexuales del feto masculino comienzan a producir andrógenos. Bajo la influencia de éstos, los genitales obtienen características masculinas. Aproximadamente desde la 32a semana del embarazo, las células intersticiales del feto masculino experimentan una involución, luego de la cual permanecen en un estado atrofiado hasta el comienzo de la pubertad [44,55 y otros].

Un feto femenino carece de andrógenos en esta etapa y en tales condiciones el desarrollo de los genitales marcha según el patrón femenino.

La falta de andrógenos en un feto masculino o la aparición patológica de éstos en un feto femenino (al cual pueden penetrar, por ejemplo, desde el organismo de la madre) y también algunas otras influencias negativas externas pueden causar el desarrollo del hermafroditismo.

También fue descubierto que no sólo el desarrollo de los genitales, sino también la diferenciación de los centros sexuales del cerebro ocurren bajo la influencia de las hormonas correspondientes durante otra etapa crítica que se da un tiempo después de la primera.

Las ratas resultaron los objetos más adecuados para el estudio experimental de este fenómeno, puesto que esta última etapa crítica se produce en ellas durante los primeros días luego del nacimiento, y no durante la etapa prenatal, como es el caso de otros animales y de los humanos.

Fue demostrado que la castración de ratas machos o la inyección a éstos de antiandrógenos antes de esta etapa crítica causa —al alcanzar la pubertad— la manifestación de patrones femeninos de conducta sexual y la producción cíclica de gonadotropina (hormonas sexuales de la hipófisis que regulan la actividad de las glándulas sexuales de acuerdo con el patrón femenino) [82-84,104]. Y viceversa, la inyección de andrógenos[6] a hembras durante la etapa crítica causa en la pubertad la manifestación de conducta sexual de tipo masculino y una producción acíclica de gonadotropinas según el patrón masculino [78,83,94].

Ha sido descubierto que el centro del comportamiento sexual masculino se encuentra en el hipotálamo medial preóptico, mientras que el centro del comportamiento sexual femenino, en el complejo ventromedial arcuato de los núcleos del hipotálamo [76,79,82,92]. En los individuos genéticamente masculinos, siempre que se desarrollen de manera natural bajo la influencia de los andrógenos producidos por los testículos, suceden la activación y el desarrollo de las estructuras reactivas a los andrógenos del centro del comportamiento sexual masculino y la desactivación de los centros que regulan tanto el comportamiento sexual femenino como la actividad cíclica de la hipófisis. En los individuos genéticamente femeninos, siempre que los andrógenos estén ausentes durante el período crítico (esto probablemente ocurre como resultado de la influencia de los estrógenos que se filtran al feto desde el organismo de la madre a través de la placenta), se desarrollan solamente los centros femeninos.

A propósito, Dörner y colaboradores [82] demostraron que la homosexualidad provocada hormonalmente

---

[6] O de grandes dosis de estrógenos que, por lo visto, afectan las estructuras cerebrales sensibles a éstos.

en animales de laboratorio puede ser eliminada destruyendo los centros sexuales femeninos en los núcleos ventromediales hipotalámicos, mientras que Rörder y Müller [101] obtuvieron el mismo resultado en dos varones homosexuales por medios de una cirugía similar.

De esta manera se vuelve claro cómo, debido a un desbalance hormonal durante cierta etapa crítica de la embriogénesis, el comportamiento sexual femenino puede formarse en individuos genéticamente masculinos y el comportamiento sexual masculino, en individuos genéticamente femeninos. Tales varones pueden tener cierto grado, mayor o menor, de feminización congénita física y psíquica, mientras que las mujeres, cierto grado de masculinización. La inclinación homosexual formada de esta manera no está sujeta al principio «todo o nada», sino que se expresa en mayor o menor grado dependiendo de la envergadura del factor que produjo la lesión [81].

Dörner [78] menciona los siguientes posibles factores patogénicos que pueden provocar este tipo de inversión sexual: 1) secreción patológica de gonadotropinas o de hormonas sexuales por la placenta; 2) trastorno de la síntesis de hormonas sexuales en el feto; 3) sensibilidad alterada de los centros sexuales hipotalámicos del feto a las hormonas sexuales, que puede ocurrir, posiblemente, como resultado de trastornos genéticos; 4) anormalidades en la producción de hormonas en el organismo de la madre; 5) la inyección de hormonas sexuales en el cuerpo de la madre durante el embarazo.

Es posible que entre los varones esta patología pueda ser causada también por las anomalías cromosómicas, a saber, por el incremento de los cromosomas X. Así, en el caso del síndrome de Klinefelter (XXY), se observa frecuentemente la feminización física y psíquica [73,98-99].

22

También fue demostrado que la feminización de fetos masculinos se produce al introducir en el organismo de la madre durante la mencionada etapa crítica ciertos medicamentos teratogénicos (aquellos que causan deformidades del feto), por ejemplo, la reserpina [87-88] o la clorpromazina [89].

Este efecto también puede ser provocado por influencias no específicas sobre el feto, tal como la reducción de la circulación sanguínea uteroplacental durante la misma etapa crítica [10-11].

Aunque dicho mecanismo de la formación de la homosexualidad está bien comprobado, sólo explica los casos en los que se evidencia la forma pasiva masculina y activa femenina de la homosexualidad. Posiblemente, a este grupo pertenecen los varones que manifestaban en su niñez rasgos de la feminización psíquica, es decir, deseaban convertirse en niñas (o incluso se sentían como niñas), jugaban con niñas en sus juegos, más tarde evitaban la compañía de los chicos, se vestían gustosamente como niñas y así por el estilo. Al mismo grupo también pertenecen las mujeres que de igual manera manifestaban rasgos de la masculinidad desde su niñez temprana.

Para comprobar otro mecanismo de formación de la patología, el mecanismo del reflejo condicionado, realizamos experimentos especiales en perros.

Dieciséis perros mestizos fueron tomados de sus madres en el primer mes de sus vidas y criados en parejas en jaulas con un área de 3 metros cuadrados (dos machos por jaula). Las paredes de las jaulas estaban hechas de un material opaco para prevenir el contacto visual con otros perros.

Después de un año, es decir, luego de que aparecieron las reacciones de excitación sexual a las feromonas sexuales, se juntó a cada macho con una hembra en celo y, varios días después, al mismo macho con la misma hembra y con su compañero de crianza simultáneamente. Cada prueba duraba 30 minutos.

El comportamiento de tres de los machos durante los primeros contactos con la hembra al principio evidenció su incapacidad de montarla. Luego de percibir el olor de las feromonas sexuales, estos machos se pusieron sexualmente excitados, lo cual, sin embargo, no los llevó a intentos de cópula, sino a un intenso jugueteo con la hembra. Este tipo de comportamiento persistió aún después de inyectarles grandes dosis de andrógenos (propionato de testosterona, 6 ml, de una solución al 5% por día, durante 6 días seguidos). Uno de los machos comenzó a montar a la hembra recién a partir del séptimo día, pero sus intentos fueron tan escasos y débiles que no pudo realizar ni una sola cópula. A pesar de esto, montó enérgicamente al macho con el que fue criado cuando ambos fueron puestos juntos con la hembra.

Otros dos machos de estos tres comenzaron a montar a la hembra sólo cuando se les juntó a ambos con ella simultáneamente. Esto significa que su excitación sexual alcanzó el nivel de umbral sólo con un estímulo visual inadecuado.

Los otros 13 perros manifestaron bastante rápido reacciones sexuales hacia la hembra y realizaron sus primeras cópulas. Sin embargo, durante reuniones consecutivas con la misma hembra y el otro macho, 9 de ellos también demostraron reacciones sexuales hacia el macho. Tres de ellos realizaron un número insignificante de montas sobre el macho en comparación con las montas realizadas sobre la hembra; dos realizaron un 25-30% de montas sobre el macho cada uno, otros dos aproximadamente un 60% cada uno, y dos machos que fueron criados juntos se montaron solamente el uno al otro sin prestar ninguna atención a la hembra a pesar de que ambos previamente habían tenido cópulas con ella.

Las observaciones también demostraron que las manifestaciones homosexuales se produjeron sólo en aquellas parejas de machos en las que uno de los animales reaccionaba positivamente a las montas del otro (lo que nunca observamos en el caso de perros criados en condiciones normales). Cabe notar que el macho que era objeto de las montas, evidentemente disfrutaba de lo que su compañero le estaba haciendo (la región del sacro de la espalda es la zona erógena de los perros) y a menudo manifestaba la erección.

Así estos experimentos demostraron evidentemente el hecho de que la inclinación homosexual puede formarse sobre la base del reflejo condicionado y, además, permitieron observar cómo se origina la forma pasiva de la homosexualidad sobre la base del mismo reflejo.

Es un hecho interesante que bajo la influencia de las inyecciones de andrógenos, los varones homosexuales normalmente no obtienen una inclinación sexual hacia las mujeres; la única excepción son ciertos varones jóvenes que, por lo visto, todavía se encuentran en la etapa de la intersexualidad juvenil [77,95,102].

En 1972, basándonos en la observación de varones homosexuales, señalamos [66] que las formas pasiva y activa de esta enfermedad tienen diferentes orígenes.

En el caso de la homosexualidad femenina, fue observado que su forma activa era congénita, mientras que la pasiva era adquirida [67].

Las observaciones de pacientes homosexuales realizadas por nosotros durante los años siguientes nos permitieron clasificarlos no en dos, sino en tres grupos dependiendo del mecanismo que da origen a su enfermedad:

1) Varones con la forma pasiva y mujeres con la forma activa de la homosexualidad *congénita*. Tales varones se sienten como niñas desde la infancia y las mujeres se sienten como niños; prefieren los juegos y la ropa del sexo opuesto. Muchos de estos varones poseen rasgos congénitos de la feminización, mientras que mujeres, de la masculinización. Durante las relaciones sexuales, los varones con esta enfermedad se perciben como mujeres y las mujeres, como varones. Un alto porcentaje de estas personas tiene anormalidades hereditarias y reporta patologías del embarazo o nacimiento prematuro.

2) Varones con la forma pasiva y mujeres con la forma activa de la homosexualidad *adquirida*. Estos pacientes no poseen una inclinación homosexual congénita ni rasgos de feminización o masculinización pervertidos. Su inclinación hacia el mismo sexo se forma sobre la base del reflejo condicionado durante la etapa de la intersexualidad juvenil.

3) Varones con la forma activa y mujeres con la forma pasiva de la homosexualidad *adquirida*. Tales varones tienen apariencia y sexualidad masculinas. De la misma manera, las mujeres tienen apariencia y sexualidad femeninas. Su inclinación patológica se forma sobre la base del reflejo condicionado usualmente a la edad juvenil. Más tarde su inclinación homosexual a) se cambia en una inclinación normal, pero luego ésta se vuelve otra vez homosexual debido a traumas psíquicos relacionados con la vida heterosexual o debido a la imposibilidad de llevar tal vida por una u otra razón, o b) pasa a su vida adulta sustituyendo totalmente la inclinación normal o coexistiendo con ésta. Una parte significativa de los pacientes de este grupo reporta anormalidades hereditarias, enfermedades somáticas graves en la niñez, patologías del embarazo o un nacimiento prematuro.

Tal anamnesis indica que hubo algún factor que podría haber afectado las estructuras cerebrales que regulan el componente congénito de la orientación sexual.

A partir de los datos proporcionados, podemos concluir que la homosexualidad es una enfermedad de origen polimorfo, lo que explica las dificultades de su tratamiento. Por esta razón no puede existir un único método aplicable a todos aquellos que quieren ser curados de esta enfermedad; el tratamiento específico debe ser elegido dependiendo del grupo etiológico al que pertenece el paciente. Además de tratamientos psicoterapéuticos, pueden usarse tratamientos con fármacos.

Así, en algunos casos de la homosexualidad masculina, se puede intentar provocar o intensificar con medicamentos (en combinación con la psicoterapia) la reacción a los «estímulos claves» del comportamiento sexual y así fortalecer la forma regular de la inclinación sexual.

En el caso de las mujeres que carecen de la inclinación heterosexual como resultado de una diferenciación incorrecta de los centros cerebrales, puede usarse la terapia con sygethinum, que ha demostrado su efectividad para el tratamiento de estos problemas durante nuestros experimentos con animales [12].

Sin lugar a dudas, sólo aquellos pacientes que insisten en su tratamiento deberían ser sometidos al mismo. Pero, en general, ellos deben comprender que la homosexualidad no ha de ser considerada como un obstáculo en la realización del significado de nuestras vidas. Lo importante para estas personas (y para todas las otras) es entender en qué consiste este significado y, después de «pasar por encima» de este problema suyo, avanzar por el Camino del perfeccionamiento indicado por Dios.

Además, es esencial aprender a distinguir entre los principios éticos, que forman parte de las Enseñanzas de Dios, y, por otro lado, la moral humana que siempre cambia y que no siempre es éticamente pura. No es la moral lo que debemos seguir, sino las Enseñanzas de Dios [24] (aunque, por supuesto, debemos considerar las opiniones de otras personas).

Nutrición y función sexual

Existe la opinión de que una dieta carnívora incrementa la potencia masculina. Pero, en realidad, esta dieta, aunque intensifica el deseo, empeora las características cualitativas de la función sexual.

La comida en el aparato digestivo, bajo la acción de las enzimas correspondientes, se desintegra en componentes neutros, ligeramente ácidos y alcalinos. Algunas de estas sustancias son eliminadas rápidamente fuera del organismo, mientras que las otras pueden causar un efecto oxidante o alcalinizante sobre el equilibrio ácido alcalino del medio interno del organismo (que incluye la sangre, las sustancias intercelulares, etc.). Basándose en este principio, todos los alimentos son clasificados habitualmente en «ácidos», «alcalinos» o «neutros», con la particularidad de que la pertenencia de uno u otro alimento a uno u otro grupo no depende de su pH original, sino del pH de aquellas sustancias en las que éste se desintegra dentro del organismo.

Si el efecto oxidante o alcalinizante sobre el medio interno del organismo es débil o de corta duración, el equilibrio ácido alcalino se restablece rápidamente gracias a los llamados sistemas reguladores o «sistemas de buffer» que transforman ácidos activos y álcalis (bases) en otras sustancias por medio de reacciones químicas especiales. No obstante, si una persona consume durante mucho tiempo sólo cierta clase de alimentos que desplazan drásticamente el equilibrio ácido alcalino para un lado (hacia la acidez o la alcalinidad), los sistemas de buffer fallan y no pueden desempeñar plenamente sus funciones, con la particularidad de que el desplazamiento prolongado de este equilibrio hacia la acidez es el más peligroso. Normalmente, para asegurar un metabolismo correcto, en los tejidos corporales debe mantenerse un medio ligeramente alcalino.

La carne y el pescado causan el efecto oxidante más fuerte sobre el medio interno del organismo, mientras que los vegetales, las frutas y la leche contribuyen a su alcalinidad. Incluso las frutas con el sabor ácido producen, como resultado, una reacción alcalina, ya que los ácidos orgánicos débiles contenidos en éstas se descomponen rápidamente.

¿Por qué la oxidación causada por el consumo excesivo de carne y pescado es tan peligrosa? Porque, entre otras razones, aún el más mínimo desplazamiento del equilibrio ácido alcalino hacia la acidez provoca en los tejidos del cuerpo la formación de depósitos de sales poco solubles de ácido úrico, uno de los productos finales del metabolismo de un grupo de proteínas llamadas nucleoproteínas (otras proteínas, en cambio, se descomponen formando la urea, un compuesto inofensivo y altamente soluble).

Las fuentes principales de nucleoproteínas son los productos que contienen carne o pescado. Por lo tanto, tales alimentos incrementan la concentración de las sales de ácido úrico dentro del cuerpo y al mismo tiempo impiden que el organismo se deshaga de éstas. En tales condiciones, las sales de ácido úrico se depositan en las paredes de los vasos sanguíneos, en los tejidos musculares, cartilaginosos y otros.

Todos hemos oído sobre los dolores articulares que aparecen durante la gota, una enfermedad cuya causa consiste en el consumo excesivo de productos de carne y pescado. La inflamación de las articulaciones tiene lugar durante la fase avanzada de esta enfermedad. Sus síntomas más tempranos son causados por la acumulación de sales de ácido úrico en las paredes de los vasos sanguíneos del cerebro, lo que provoca su estrechamiento, la perdida de la flexibilidad de sus paredes y, como resultado, una irrigación sanguínea deficiente del cerebro. Exteriormente, esto se manifiesta en el deterioro de la memoria, en los trastornos del sueño, en dolores de cabeza e irritabilidad. Como consecuencia, se desarrolla un permanente estado psíquico desagradable que, a su vez, da origen a un estrés emocional prolongado debido al cual la función sexual colapsa.

Una de las maneras de deshacernos de este estado es empezar a seguir estrictamente una dieta alcalinizante «sin matanza» (es decir, aquella que excluye, primero que nada, productos de carne y pescado). Este tipo de dieta es «puro» desde el punto de vista fisiológico, bioenergético y ético[7], con la particularidad de que la leche y los huevos de las aves, que pueden ser usados en esta dieta, contienen todos los aminoácidos esenciales para el organismo humano.

El sistema nervioso vegetativo del organismo humano tiene dos secciones: simpática y parasimpática. Estas secciones de alguna manera se oponen la una a la otra. La sección simpática controla el organismo en las situaciones de estrés, es decir, cuando existe la necesi-

---

[7] Discutiremos los aspectos bioenergéticos de la nutrición más adelante en este libro. En cuanto a los aspectos éticos de esta cuestión, debo destacar que el amor perfecto es el amor hacia todos los seres vivos, y uno de los aspectos más importantes de este amor es la compasión hacia ellos.

dad de defenderse o de atacar, así como en los estados de ansiedad, ira, etc. La sección parasimpática, por el contrario, predomina cuando el organismo permanece en un estado de paz y de comodidad.

La función sexual es regulada por ambas secciones, siendo de notar que la capacidad eréctil del varón está regulada por las estructuras nerviosas parasimpáticas, mientras que el proceso de eyaculación, por las estructuras simpáticas. La excitación de la sección parasimpática contribuye a la erección, mientras que la excitación de la sección simpática contribuye al debilitamiento de la erección y acelera la eyaculación.

Es por eso que la función sexual se manifiesta de una mejor manera en los estados de paz interior y de equilibrio y cuando uno no tiene hambre. Por otro lado, el estrés emocional empeora los índices de la función sexual.

Tal como fue demostrado anteriormente, la sección simpática del sistema nervioso es la que se activa en el caso de la gota, mientras que la parasimpática es la que se inhibe.

Todo esto es relevante no sólo para el varón, sino también para la mujer. Muchas de ellas tienen dificultades para alcanzar el orgasmo debido a que se encuentran en un estado de estrés crónico. Uno de sus rasgos típicos es la incapacidad de concentrarse debidamente en las sensaciones sexuales durante una relación.

También es interesante mencionar que la gente que no come carne ni pescado se cansa dos o tres veces menos durante el trabajo físico. Esto fue demostrado por unas investigaciones fundamentales [71]. Entre los seguidores de la dieta «sin matanza», había muchos deportistas destacados incluyendo campeones olímpicos de maratón. Los estudios de personas ocupados con trabajos físicos duros (rickshas) han demostrado que ellos, siguiendo una dieta «sin matanza», podían realizar un tremendo trabajo, como correr con una carga más de 40 kilómetros por día bajo un calor sofocante. Pero ellos perdían esta habilidad si la carne era incluida en su ración.

El estilo de alimentación también afecta fuertemente al estado bioenergético de una persona, es decir, al nivel de sutileza-grosería de sus bioenergías, a su esfera emocional y, como resultado, a la conciencia entera. Es imposible alcanzar las alturas del autoperfeccionamiento espiritual si uno come cadáveres de animales. Es así, entre otras razones, porque estos cadáveres contienen energías muy groseras que se quedan en el cuerpo de la persona que ha comido los tejidos del cadáver.

Si hablamos de las emociones (y para una persona espiritualmente desarrollada el componente emocional, y no el componente físico, es el más valioso en las relaciones sexuales), podemos afirmar con certeza que sólo quienes han alcanzado un progreso significativo en la purificación espiritual y en la refinación bioenergética son realmente capaces de conocer toda la belleza del aspecto sexual del amor.

Quizás, sea oportuno también recordar el siguiente precepto del Nuevo Testamento: «¡Es mejor no comer carne, ni beber vino, ni hacer nada por lo que tu hermano tropiece, o se ofenda, o se debilite!» (Romanos 14:21)

Además, cabe mencionar que el consumo frecuente de productos que contienen cafeína (café, té, etc.) también afecta la función sexual, puesto que la cafeína estimula principalmente la sección simpática del sistema nervioso.

Zonas erógenas

Las zonas erógenas pueden ser genitales o no genitales [41,50,65,69 y otros]. El cuerpo femenino tiene una mayor variedad de estas zonas en comparación con el masculino. En el contexto de este libro, es importante examinar este tema junto con algunos problemas de la psicología sexual.

«Todas las mujeres son iguales» es lo que podemos oír frecuentemente de los varones que quieren pretender ser «experimentados». Pero, en realidad, sólo una persona egocéntrica y primitiva puede decir algo así. La verdad es que es difícil encontrar dos mujeres similares desde el punto de vista sexual. Pero sólo aquel que no busca en las relaciones sexuales el placer para sí, sino para su pareja puede conocerlo.

Las mujeres no son similares en cuanto a las caricias que son adecuadas para cada una.

Tampoco son similares en cuanto al tipo de coito que puede proporcionarles el placer más intenso y la satisfacción más completa. Esto depende de la zona erógena genital que prevalece en cada mujer.

Por ejemplo, el clítoris es la zona erógena más sensible de algunas mujeres, lo que no les permite alcanzar la satisfacción durante el coito realizado en esa forma «inexperta» y vulgar que es típica de los varones cuando recién comienzan su vida sexual. No obstante, es posible alcanzar un alto nivel de armonía con tales mujeres (y con casi todas las mujeres) si antes del coito el varón acaricia suave y tiernamente, de manera transversal o longitudinal, el clítoris de su amada con su mano durante mucho tiempo.

Además, él puede acariciarlo también durante el coito, lo que puede proporcionar a las sensaciones una belleza adicional.

Otras mujeres tienen un pronunciado tejido eréctil y una pared vaginal frontal erógena debajo del hueso púbico. Para tales mujeres también sólo algunas formas bastante específicas de unión sexual serán adecuadas.

Adicionalmente, podemos distinguir varios grupos de mujeres cuya zona erógena genital predominante es la parte más profunda de la vagina, o el cuello uterino, o la parte media de la pared frontal de la vagina, o su entrada, o todas sus paredes.

También hay una gran variedad de zonas erógenas no genitales, tales como las glándulas mamarias, la piel de la cara y de la espalda al nivel de los omoplatos, del sacro y de las nalgas, el cuero cabelludo, los lóbulos de las orejas, los brazos y las piernas en toda su extensión y especialmente los pies. Por ejemplo, algunas mujeres son capaces de alcanzar un orgasmo pleno como resultado de prolongadas y tiernas caricias de sus pezones. Para otras, en cambio, estas partes del cuerpo no son zonas erógenas en absoluto.

A veces existen desviaciones de la sensibilidad erógena de ciertas zonas. En tales casos, al tocarlas se produce incomodidad o incluso dolor. Por ejemplo, conocí a una mujer cuya vagina entera era siempre extremadamente sensible, de manera que el sólo tocar una parte de ésta le causaba dolor, aunque los ginecólogos no encontraron ningún proceso inflamatorio en esa área. En el caso de otra mujer, cualquier contacto con las paredes vaginales le causaba una sensación insoportable de cosquilleo, pero, en cambio, ella tenía un clítoris extremadamente erógeno.[8]

---

[8] Más tarde me enteré que ella se enamoró de otra mujer y le dijo que se suicidaría si no aceptaba vivir con ella. Como resultado, estas dos mujeres formaron una familia homosexual que existió por muchos años.

El funcionamiento de las glándulas «lubricantes», que preparan la vagina para la relación sexual, también varía de mujer a mujer. En algunos casos, estas glándulas trabajan intensamente. En otros, hay mujeres cuya vagina permanece casi seca luego de un juego previo prolongado o incluso luego de un orgasmo provocado por las caricias de las zonas erógenas extravaginales. En el último caso, una relación sexual será armoniosa sólo si se utiliza algún tipo de lubricante íntimo.

Así que, la tarea del varón consiste en estudiar a su compañera y en tratar de llenarla con armonía. Y sólo entonces ambos estarán bien.

Aprender a buscar la dicha, la armonía y el deleite para su pareja, ésta es una de las posibilidades para el autodesarrollo espiritual a través del aspecto sexual del amor.

En cambio, cualquier acto de indulgencia hacia el propio egoísmo, ni hablar del desarrollo intencional de éste, es el camino hacia la degradación espiritual.

Nadie posee el conocimiento innato sobre la psicología sexual del sexo opuesto.

Los varones originalmente no saben que, por ejemplo, pueden preparar a una mujer para las relaciones sexuales no a través de propuestas verbales, ni a través de demostrar sus rasgos masculinos, ni tampoco a través de la violencia (el peor de los casos), sino a través de la ternura y las caricias, con la particularidad de que éstas no deben contener en ningún caso ni siquiera los más mínimos elementos de grosería. Por ejemplo, no se debe dar palmadas, apretar ni estrujar. Por el contrario, los toques ligeros y tiernos, a veces realizados incluso «casi sin tocar», serán agradables para una mujer.

En un principio, los varones tampoco saben que el dinamismo al comienzo del coito es, por lo común, desagradable para una mujer y que la verdadera armonía puede ser alcanzada justamente durante un coito prolongado.[9]

El varón tampoco sabe que no debe abandonar el lecho nupcial demasiado pronto después del coito. Pues para su amada es adecuado recibir sus caricias (por ejemplo, en la espalda) por un tiempo prolongado luego del orgasmo, permaneciendo acostada y abrazada con él.

El varón no sabe que cuando una mujer da su consentimiento para una relación sexual, ella tiende a confiar completamente en él y que en esta situación es su responsabilidad preocuparse por la prevención de un embarazo no deseado.

Los abortos son, sin duda, algo malo. Pero ¿quién tiene la culpa? Pues son los varones en la mayoría de los casos, y no las mujeres.

A propósito, uno de los métodos para esto es la eyaculación fuera de los genitales de la mujer.[10]

La adaptación del acto sexual a las etapas fértiles o infértiles del ciclo menstrual no constituye un método contraceptivo confiable, ya que la concepción puede ocurrir en cualquier etapa de este ciclo y lo que varía en este caso es sólo su probabilidad, la cual nunca se reduce a cero.

---

[9] Añado que es mejor no tener relaciones sexuales en un ambiente oscuro, ni estando hambrientos o cansados. Además, sería bueno que ambos compañeros creen dentro de sí un estado de máxima ternura el uno hacia el otro y descarten todas las emociones apasionadas.

[10] Por supuesto, antes del siguiente coito el varón debe, orinando, eliminar los espermatozoides de su uretra y también lavar su pene con agua.

Considero que cada varón debe seguir siempre la regla de no eyacular en los genitales de la mujer sin su consentimiento explícito para ello.

Como ya hemos dicho, un varón originalmente no sabe cuán diferentes son las mujeres desde el punto de vista sexual.

Y la mujer no sabe que el varón sin experiencia no lo sabe y no puede saber todo esto.

Estudiando la psicología del sexo opuesto a través de una vida sexual altruista y no egoísta, una persona se acerca a la posibilidad de realizar uno de los mandamientos fundamentales de Jesús el Cristo según el cual el varón y la mujer deben llegar a ser *uno* (el Evangelio de Tomás, 27; ver [61]). ¿Qué significa esto?

Significa que en el Camino hacia la Perfección, cada uno, sin importar su sexo, debe desarrollar las mejores cualidades de ambos sexo. Después de todo, el Dios Universal, a pesar de ser llamado por la gente como Dios Padre, en realidad, no tiene sexo. Y, cumpliendo el mandamiento de Jesús el Cristo «Sean perfectos, como su Padre Celestial es Perfecto» (Mateo 5:48), los varones deben cultivar dentro de sí las cualidades propias de las mejores mujeres: la dulzura, la ternura, el cuidado atento, la facultad de perdonar, de esperar. Y las mujeres, en cambio, deben desarrollar la energía, la facultad de liderar sabiamente, el anhelo de conocer lo desconocido, la aspiración a la meta.

Por supuesto, las mejores cualidades del propio sexo también deben ser desarrolladas hasta la perfección, mientras que las negativas deben ser eliminadas.

El Camino espiritual es, primero que nada, el perfeccionamiento ético, el cual debemos practicar en todo momento y en todo lo que hacemos, incluso en el aspecto sexual del amor (ver también [14-25]).

***

Cuando un varón acaricia a su amada, sus movimientos deben ser, por regla general, tiernos, suaves y tranquilos. Entonces la mujer entra en los estados sutiles extáticos de la conciencia y el varón, sintonizándose con ella y uniéndose con ella con la conciencia, también experimenta estos estados muy valiosos. Gracias a esto, tiene lugar el aumento del potencial Átmico de la kundalini de ambos compañeros, un proceso muy importante para la evolución personal, aunque oculto de la mirada física [25].

Además, ambos compañeros pueden de esta manera conocer y acostumbrarse a los estados paradisíacos y luego a los estados aún más altos de éxtasis sutil.

Pues debemos entender que uno de los componentes más importantes del desarrollo espiritual es la refinación de la conciencia. ¡A través de esta refinación, nos acercamos al conocimiento de la Conciencia más sutil de todas las conciencias, la Conciencia del Creador! [15-19,21-25]

Ésta es Su Idea para nosotros en lo que concierne al aspecto sexual del amor.

***

Si un varón no está seguro de que pueda llevar a su amada al orgasmo a través del contacto genital, puede inducirlo con su mano (limpia, por supuesto) acariciando sus zonas erógenas genitales más sensibles y sólo después proseguir al coito.

Debe tenerse en cuenta que en el caso de casi todos los varones la actividad sexual decae naturalmente entre los 45 y 55 años. (A esta edad también comienza la menopausia en las mujeres). Y es entonces, entre otros casos, cuando será muy oportuno recordar la recomendación dada en el párrafo anterior.

Aspectos bioenergéticos del sexo

Ahora examinemos otro importante mecanismo que regula la función sexual: el mecanismo bioenergético.

Una parte significativa de los procesos de la actividad vital del organismo sucede en el plano bioenergético [23,25]. Podría decirse que en este plano existen órganos especiales y vías conductoras. Estos órganos son representados por los chakras y las vías conductoras, por los meridianos.

El conocimiento práctico sobre estas estructuras ha sido usado en el arte de la autorregulación psíquica en los países orientales desde los tiempos antiguos. Sin embargo, es en Rusia donde este conocimiento se combinó con los conceptos científicos modernos de la naturaleza multidimensional del organismo humano y donde fueron creadas las enseñanzas exhaustivas acerca de los chakras y meridianos como zonas reflexogénicas de la esfera emocional-volitiva del hombre [14-25].

Aprender las técnicas de trabajo con estas estructuras nos provee de métodos muy efectivos para la autorregulación psíquica, los cuales nos permiten dejar de ser un individuo enfermo, insociable, melancólico, iracundo y constantemente irritado y convertirse en una persona saludable, alegre y sociable en un lapso de unos pocos meses solamente.

Otra función de los chakras consiste en la acumulación, transformación y redistribución de las bioenergías libres (es decir, aquellas que no están contenidas en los enlaces bioquímicos) en el organismo.

Los chakras están localizados de la siguiente manera:

Sahasrara es un chakra que tiene la forma de un disco acostado y que está ubicado debajo del hueso parietal. Su diámetro es de alrededor de 12 centímetros; su altura es de 5 centímetros aproximadamente (estamos indicando los tamaños de los chakras desarrollados). Se corresponde con los hemisferios cerebrales.

Ajña es un chakra de gran tamaño que está ubicado en el medio de la cabeza y que coincide con las secciones centrales del cerebro.

Vishuddha es un chakra que está localizado en la parte inferior del cuello y que ocupa el espacio entre la columna y la tiroides.

Anahata está localizado en el tórax y ocupa, cuando está desarrollado, la mayor parte del mismo.

Manipura es el chakra de la parte superior del abdomen.

Svadhisthana es el chakra de la parte inferior del abdomen.

Muladhara es el chakra ubicado en la parte inferior de la pelvis entre el coxis y el pubis.

El grado de desarrollo de los chakras se corresponde con las características psíquicas del individuo.

Así, un sahasrara desarrollado implica que la persona tiene una pronunciada facultad para el pensamiento «estratégico», es decir, la facultad de abarcar mentalmente la situación entera, de verla con una «mirada holística», «desde lo alto», lo que le permite ser un director de pensamiento amplio.

Un ajña desarrollado implica que la persona tiene una facultad para el pensamiento «táctico», lo que le permite lidiar exitosamente con problemas concretos en ciencia, negocios, vida familiar, etc.

Un vishuddha desarrollado implica la facultad para la percepción estética; los buenos pintores, músicos y otros artistas son personas con un vishuddha bien desarrollado.

Un anahata desarrollado implica la facultad para el amor emocional (amor no «desde la mente», sino «desde el corazón»).

Un manipura desarrollado implica la facultad para las acciones enérgicas (no obstante, la inclinación a las emociones de irritación y a otras manifestaciones de la ira también se observa a menudo en estas personas, especialmente si ellas no trabajan en su autoperfeccionamiento ético).

Un svadhisthana desarrollado implica una función reproductiva bien pronunciada.

Un muladhara desarrollado implica la estabilidad psíquica en las diversas situaciones cotidianas.

Cada uno de nosotros tiene la posibilidad de experimentar las manifestaciones específicas de la actividad de sus chakras.

Por ejemplo, cuando estamos cansados mentalmente, sentimos «pesadez» en la región del ajña o del sahasrara.

Cuando algo armonioso nos «quita el aliento», es una manifestación de vishuddha. En cambio, en la situación opuesta, cuando una persona siente un «nudo en la garganta», es la reacción del mismo chakra a la desarmonía del ambiente (por ejemplo, debido a la ofensa por la injusticia de los demás o debido al propio error que provocó el estado «ahora no sé qué hacer»).

Sí, nuestras emociones no son generadas en el cerebro, sino en los chakras. Aquellos que saben controlar sus chakras lo comprenden muy bien, pues pueden, entre otras cosas, crear y estudiar sus emociones «en su forma pura», como formaciones energéticas, por decirlo así. En cuanto a los resultados de estudios electrofisiológicos que han demostrado que las estructuras cerebrales participan en las reacciones emocionales, debemos entender que estos resultados sólo reflejan un vínculo secundario en la cadena de realización de los estados emocionales.

El anahata se manifiesta en los momentos de amor desinteresado. Existen personas que irradian amor con su corazón espiritual desde el chakra anahata a todos los que los rodean y en toda situación. Sobre estas personas se dice que son «cordiales». ¡Todos nosotros debemos llegar a ser así! ¡Pues el Camino que conduce a la autorrealización espiritual comienza con el desarrollo del corazón espiritual (primero dentro del chakra anahata y luego ya fuera del propio cuerpo físico)!

Normalmente, sentimos el chakra manipura cuando experimentamos emociones negativas, las cuales crean unas desagradables sensaciones en el área de esta chakra o incluso la sensación de que energías groseras se arremolinan y «burbujean» dentro de éste.

La excitación sexual no satisfecha nos da la posibilidad de sentir el svadhisthana muy claramente. Estas sensaciones desagradables en la parte inferior del abdomen y en el correspondiente segmento de la espina dorsal (no todas las personas tienen estas sensaciones) son el resultado de que el chakra se sobrellenó con un tipo especial de bioenergía llamada *udana,* la cual debería haber salido del svadhisthana causando el orgasmo. Esto es lo que constituye el mecanismo del último.

En condiciones normales, el udana que abandona el cuerpo durante el orgasmo llega al organismo del otro compañero. Si el compañero no recibe la porción «debida» de udana luego de una relación sexual, puede sentirse cansado o exhausto. Por esta razón la armonía en las relaciones sexuales puede alcanzarse, por regla general, solamente si ambos compañeros tienen un orgasmo.

Un exceso de udana (propio o recibido del compañero) se transforma (se sublima) en energía de otros chakras (siempre que éstos y los correspondientes canales —o meridianos— estén desarrollados y en buen funcionamiento).

Dependiendo de la predominación de uno u otro chakra, todas las personas pueden ser clasificadas en tipos psicológicos correspondientes.[11]

Cada chakra es responsable de proveer de bioenergías libres a los órganos que están localizados en el correspondiente segmento del cuerpo. Muchas enfermedades de varios órganos se desarrollan debido a que el chakra correspondiente está contaminado. Ejercicios especiales con los chakras nos permiten sanar los órganos respectivos [25].

Los chakras se conectan a través de varios meridianos que son:

Sushumna es un amplio meridiano que sube desde el coxis por la columna vertebral, pasa a través del bulbo raquídeo y llega hasta el sahasrara. Sushumna transporta una variedad de bioenergías.

Vajrini es un canal más angosto que está localizado dentro de sushumna y que transporta udana desde svadhisthana hacia los otros chakras.

Chitrini (o Brahmanadi) es un meridiano que pasa detrás del sushumna a lo largo de las apófisis espinosas

---

[11] Existen también otros sistemas de tipificación psicológica; ver [24].

de las vértebras y de la piel detrás de éstas. En la cabeza, este meridiano pasa a través del cráneo a lo largo y por dentro de los huesos occipitales hasta el sahasrara. Chitrini transporta una de las bioenergías más sutiles en el organismo.

A lo largo de la parte frontal del cuerpo, pasa un meridiano muy importante llamado (en chino) *zhen-mo* o meridiano frontal (o canal delantero). Éste comienza desde la parte occipital superior de la cabeza, en el lugar donde termina chitrini. Luego este meridiano se bifurca en dos ramas que contornean el sahasrara y que se unen en la frente para dividirse nuevamente en varios canales-ramas menores que bajan por la cara y que se unen otra vez en la zona de vishuddha. Otra rama grande de este canal empieza en la parte occipital superior de la cabeza, atraviesa el cerebro y el paladar y se junta con los otros canales-ramas en la parte frontal del cuello. Luego este meridiano baja por la parte frontal del tronco en forma de una ancha banda (de 8-10 centímetros de ancho) a través del tejido celular hipodérmico. Luego atraviesa el hueso púbico y el perineo y se dirige hacia los meridianos espinales.

La topografía y el estado de todas las estructuras bioenergéticas del organismo, incluyendo los chakras y meridianos, pueden ser determinados por medio de la clarividencia, que puede ser desarrollada a través de la práctica sistemática del raja yoga [25].

Una serie de ejercicios especiales permite conectar los meridianos espinales con el meridiano frontal formando de esta manera un solo anillo. A este circuito energético se lo llama la «órbita microcósmica». Los ejercicios con esta órbita dan un efecto emocional positivo extraordinario [25].

Abordemos ahora el tema de las transformaciones bioenergéticas que tienen lugar en el organismo.

La energía llega al organismo principalmente a través de la comida y luego sufre una serie de transformaciones.

Inicialmente toda la energía libre que ha sido obtenida del procesamiento de la comida en el aparato digestivo se acumula en el chakra manipura. La calidad de esta energía depende del tipo de alimentos que comemos. Los tipos más groseros de bioenergías se derivan de los alimentos «de matanza», mientras que los más sutiles, de las frutas, las bayas, los vegetales y los granos. Luego la energía manipúrica (*samana*, en sánscrito) debe ser refinada antes de que pueda utilizarse eficientemente para varias necesidades del organismo. Desde luego, para que esto sea posible, las estructuras bioenergéticas que participan en este proceso deben estar desarrolladas y funcionar correctamente.

La primera etapa del proceso de refinación tiene lugar cuando samana se transforma en udana. La segunda se realiza por medio de un ejercicio especial llamado *la rotación de la energía por la órbita microcósmica*. Durante este ejercicio, elevamos la energía de los dos chakras bajos (muladhara y svadhisthana) por los meridianos espinales, luego la hacemos pasar por las dos ramas del meridiano frontal que contornean el chakra sahasrara y la bajamos por la parte delantera del meridiano frontal. Al descender por este meridiano, la energía se transforma, lo que puede experimentar cualquiera que haya dominado este ejercicio. El meridiano frontal funciona como cierto tipo de transformador de energías. Como resultado, el practicante descubre un mundo absolutamente nuevo de emociones positivas sutiles. Es muy importante aprender este método para usarlo, entre otras situaciones, durante los contactos sexuales.

Los chakras desarrollados también se unen mediante el amplio meridiano central que pasa verticalmente por el centro del cuerpo.

La comunicación sexual en un nivel primitivo se reduce sólo a una estimulación mecánica de las zonas erógenas. En cambio, para las personas espiritualmente desarrolladas, el sexo tiene que ver más con emociones positivas sutiles. Pues para estas personas el propósito del sexo no consiste en alcanzar el propio orgasmo tan pronto como sea posible, sino en dar a su pareja toda la ternura y en alcanzar una gran armonía de la unión entre las almas.

Durante una relación sexual sucede un intenso intercambio energético entre los compañeros, y no es sólo udana lo que se intercambia. Si los practicantes prestan atención a esto, pueden activar el sistema bioenergético y limpiar los chakras y meridianos. Además, aquellos que han adquirido la habilidad de ver las bioenergías pueden observar cómo éstas fluyen y controlar su circulación.

Por medio del contacto sexual se puede sanar al compañero.

Pero en otros casos a través de tal contacto, uno puede hacer un serio daño a su sistema bioenergético, lo que, a su vez, puede provocar enfermedades. Esto puede suceder como resultado del contacto sexual con una persona borracha, enferma o bioenergéticamente grosera.

Tener esto en cuenta es especialmente importante para las personas que marchan por el Camino espiritual, puesto que un esposo o esposa que no va contigo hacia Dios, que no refina sus emociones ni a uno mismo como conciencia obstaculizará tu avance espiritual. Y si no cambias radicalmente esta situación, esto será considerado como un pecado, como el incumplimiento de tu misión principal, que es desarrollarte espiritualmente con todas tus fuerzas. Jesús el Cristo decía sobre las situaciones similares que quienes —en pos del cumplimiento de Sus Enseñanzas— renuncian a los apegos terrenales a sus esposos indignos y avanzan hacia la Meta Principal de sus vidas, que es Dios, recibirán cien veces más, incluyendo los beneficios en su vida venidera (Mateo 19:29, Marcos 10:29-30).

Las emociones sexuales, como cualquier otra clase de emociones, son fenómenos con las características de un campo energético y existen no sólo dentro de nuestros cuerpos, sino que también se irradian fuera de éstos provocando resonancia en otros seres, incluso en las personas. Éstas últimas pueden, conscientemente o no, sintonizarse con estos campos energéticos.

También se transmiten varias características de las emociones sexuales tales como un deseo egoísta primitivo o un deseo de darse al otro tiernamente; la grosería o la sutileza; un desprecio arrogante o la gratitud.

Con todo, las influencias más intensas tienen lugar durante un contacto sexual directo.

Desde esta perspectiva debemos analizar el problema de la compatibilidad bioenergética de los compañeros.

El resultado de tal compatibilidad puede ser una gran armonía en las relaciones.

En cambio, la incompatibilidad puede provocar en algunos casos estados enfermizos graves, la aversión hacia el compañero y el horror por la perspectiva de tener nuevos contactos sexuales con él o ella.

Otro problema relacionado con la incompatibilidad de los compañeros es la corta duración del coito. Esto puede pasar no sólo por culpa del varón, sino por culpa de la mujer también. A saber, si su energía svadhisthánica (udana) es mucho más grosera que la energía svadhisthánica del varón, él no podrá realizar coitos duraderos con tal mujer, a pesar de que sea capaz de hacerlo fácilmente con otras mujeres.

Desde el punto de vista bioenergético, para que el aparato reproductor funcione perfectamente, la persona debe tener tanto la pureza y la sutileza bioenergéticas generales como también desarrolladas y en buen funcionamiento las estructuras del organismo anteriormente mencionadas. Son las siguientes:

Ajña. La concentración en este chakra durante una relación sexual es similar por sus efectos sobre la esfera sexual a la activación de la sección simpática del sistema nervioso vegetativo. Esto reduce las capacidades sexuales tanto masculinas (erección débil, acortamiento del coito) como femeninas (incapacidad de relajarse psíquicamente, predominación de pensamientos irrelevantes, etc.). Además, si uno de los compañeros permanece con la concentración de la conciencia en el ajña, esto no le permite al otro entrar y mantenerse en los estados emocionales sutiles durante la relación sexual. En tales casos, la armonía es inalcanzable.

El desarrollo de la capacidad de mover la concentración de la conciencia fuera del ajña y trasladarla al anahata o a otros chakras nos permite dejar de ser esclavizados por las emociones negativas y nos ayuda a detener el «diálogo interno», por el cual tantas personas están atormentadas.

Si en el ajña existen impurezas bioenergéticas, vistas mediante la clarividencia como manchas oscuras, entonces es muy difícil trasladar la concentración de la conciencia fuera de este chakra a otro. Y si a pesar de todo el practicante logra hacerlo, no podrá mantener la concentración fuera del ajña por largo tiempo. Por eso es tan importante siempre mantener este chakra bien limpio.

Anahata. Aprender a permanecer constantemente con la concentración de la conciencia dentro del anahata ya es un logro espiritual significativo en sí, y durante las relaciones sexuales es una necesidad. La unión de las energías de dos anahatas produce un efecto emocional fuerte.

Manipura. La predominación de estados emocionales negativos apoyados por el mal estado energético de manipura coincide con la excitación de la sección simpática del sistema nervioso, lo que excluye relaciones sexuales armoniosas. Los entrenamientos especiales en el control sobre el propio sistema bioenergético permiten deshacerse completamente de estos y de muchos otros estados similares.

Svadhisthana es el chakra propulsor de todo el aparato reproductor. La suficiente cantidad de energía en este chakra es un prerrequisito indispensable para que los representantes de ambos sexos puedan manifestar las emociones sexuales y tener orgasmos. Además, la falta de la energía en este chakra afecta la capacidad eréctil del varón.

La inmadurez del svadhisthana es una de las causas por las cuales algunas mujeres no tienen orgasmos al comienzo de su vida sexual, pero las experiencias sexuales positivas posteriores hacen que este chakra «madure».

Distribuir la concentración de la conciencia entre el anahata y el svadhisthana permite manifestar plenamente la sexualidad durante una relación.

Muladhara. La presencia de un potencial bioenergético en muladhara permite el desempeño seguro y estable de la función sexual, dado que la energía muladhárica reabastece el svadhisthana en caso de su agotamiento.

Vajrini es el meridiano que distribuye udana desde svadhisthana. La limpieza y el desarrollo de vajrini permiten a las mujeres que sufren de anorgasmia acompañada por sensaciones dolorosas liberarse de estos síntomas «descargando» los «estancamientos» energéticos que puede haber en este chakra. Vajrini puede limpiarse por medio de métodos especiales junto con sushumna.

Chitrini. La concentración de la conciencia en este meridiano permite alcanzar estados emocionales sutilísimos, tan valiosos durante una relación sexual.

Meridiano frontal (o canal delantero). La concentración de ambos compañeros en sus meridianos frontales les permite experimentar una intensa ternura.

Cabe destacar que los baños en agua helada también pueden contribuir a la sanación de varias enfermedades crónicas del aparato reproductor. Sobre este método pueden leer en los trabajos [25,40,42,72].

Orgasmo

En la vieja literatura médica se afirmaba que el orgasmo masculino es el resultado del movimiento del líquido seminal a través de los conductos eyaculatorios. Esto es erróneo como lo demuestra el simple hecho de que durante repetidos actos sexuales, separados por intervalos cortos, puede darse un orgasmo sin eyaculación, ya que en este caso el líquido seminal simplemente no logra producirse ni acumularse.

En realidad, el orgasmo tanto masculino como femenino tiene una naturaleza bioenergética y acompaña la eyección del udana desde el chakra svadhisthana. Esto también puede ser comprobado si observamos con la clarividencia el movimiento de esta energía sexual.

También podemos mencionar que casi todos los varones tienen orgasmos aproximadamente del mismo tipo, mientras que entre las mujeres este fenómeno varía.

Primero, los orgasmos en las mujeres pueden causarse por la excitación de diferentes zonas erógenas, lo que produce sensaciones diferentes.

Segundo, hay mujeres que sienten orgasmos de tipo masculino, es decir, un breve episodio de éxtasis luego del cual la continuación del acto sexual pierde importancia o incluso se vuelve desagradable para ellas. Otras mujeres, en cambio, pueden disfrutar de ondas de deleite una y otra vez si el acto sexual continúa.

Cabe mencionar también que después de un acto sexual, las mujeres necesitan más relajación que los varones, con la particularidad de que tal relajación debe ser acompañada con unas caricias suaves por parte del varón que vayan cesando paulatinamente. Los varones deben saberlo y tomarlo en cuenta.

Sexualidad y ética

Empecemos por analizar el problema del debilitamiento de la función sexual en las personas jóvenes. Debemos ser conscientes de que en muchos casos esto es una indicación de que algo anda mal en el organismo. Podemos tratar de estimular el aparato reproductor con la ayuda de medicamentos, pero no es un método confiable. Pues el efecto de los medicamentos cesa, pero el problema sigue ahí mientras su causa no haya sido eliminada.

Existen dos enfoques en el tratamiento de las enfermedades: el primero consiste en «suavizar» las manifestaciones externas (síntomas) tomando medicación, visitando psicoterapeutas, sanadores, etc., mientras que el segundo consiste en eliminar las causas de la enfermedad.

Toda enfermedad debe ser considerada como una consecuencia de nuestros errores éticos cometidos en la interacción con las personas, con otros seres vivos o con Dios, así como por nuestra negligencia ante la necesidad de progresar siempre espiritualmente o por la indulgencia ante nuestras debilidades. Otra cosa que debemos recordar es que pueden ser duraderos sólo aquellos resultados que hemos obtenido en la resolución de uno u otro problema serio con nuestros propios esfuerzos, y no con los de otros. Por lo tanto, la ayuda verdadera en una situación difícil es brindada no por aquel que resuelve el problema por nosotros, sino por aquel que nos apunta la dirección hacia la cual debemos dirigir nuestros esfuerzos.

Gracias a sus propios esfuerzos, el hombre también puede realizar sus capacidades latentes en la autorregulación psíquica, lo que implica, ante todo, el control sobre la propia esfera emocional. A través de esto, él o ella se libera de muchas enfermedades y obtiene la posibilidad de controlar su esfera sexual.

Las relaciones sexuales son legítimas. ¡La moral pseudoreligiosa pervertida del pasado lejano que las declaró bajas, vergonzosas y sucias no debe ser aplicada a las personas cultas de nuestro tiempo!

Ya en el Evangelio apócrifo de María Magdalena, datado del siglo I, hubo un intento de proclamar el amor sexual como uno de los aspectos legítimos del gran amor. Con su ayuda el hombre puede correctamente, desde las posiciones espirituales, aprender a darse al otro, a cuidar al otro, a ocuparse de él o ella y a desarrollar su esfera emocional saturándola de emociones tiernas y sutiles.

De acuerdo con la definición de la OMS de 1977, las relaciones sexuales enriquecen la personalidad, mejoran las habilidades comunicativas e incrementan la capacidad de amar.

Incluso la iglesia ortodoxa rusa lo ha reconocido.[12]

Con todo, el reconocimiento de las relaciones sexuales como legítimas, y no como bajas y vergonzosas, no es una llamada al sexo casual. Ahora no tiene sentido repetir las verdades bien conocidas acerca de las enfermedades de transmisión sexual, el SIDA, etc. Es suficiente sólo recordar lo que hemos dicho sobre los aspectos bioenergéticos de las relaciones sexuales para concluir que el sexo casual es inadecuado. También es necesaria la práctica de una abstinencia razonable para refrenar las propias pasiones primitivas y obtener el control volitivo sobre éstas a causa del desarrollo espiritual personal.

Si hablamos sobre el sexo desde la perspectiva de la autoperfeccionamiento religioso, considero apropiado citar dos fragmentos del Evangelio, ya mencionado, de María Magdalena[13]:

12. (...) Le pregunté: «Maestro, ¿cómo puedo yo, una pecadora, medirme con los Apóstoles?».

13. Él me contestó: «Lo pecaminoso en este mundo es virtuoso en el reino de Mi Padre».

---

[12] Manual del Sacerdote, Vol. 4, Moscú, 1986.
[13] María Magdalena nos dejó dos Evangelios. Uno de éstos está incluido completamente en el libro [61] y el otro, conocido, entre otros nombres, como Las preguntas de María, también se menciona en este libro.

20. Ellos me tomaron y quisieron apedrearme. Yo, pecadora, amé a un varón que estaba casado y tenía tres hijos. Los parientes de su esposa me trajeron a la plaza y empezaron a gritar con voz fuerte: «¡Matemos a la adúltera! ¡Ella profanó la ley!».

21. Entonces vino el Cristo y les dijo: «¡Aquel que se considera sin pecado, tire la primera piedra!». Y así hizo el Hijo del Hombre que la muchedumbre se dispersara.

22. Después Él se me acercó y se arrodilló frente a mí.

23. (...) Yo ardía de vergüenza y miedo. Algo sublime estaba ocurriendo en mi alma. Caí en la tierra y sollocé. Él acariciaba mi pelo y decía:

24. «Mi querida hermana, halla las fuerzas para escucharme. Mucho mal existe sobre esta Tierra, muchas mentiras han sido dichas por el malvado. Olvídate de que eres una pecadora y dime: ¿tu corazón vive cuando amas?».

25. «¡Vive, Señor! Cuando no amo está muerto».

26. «¡Entonces ama, hermana celestial, y no peques más pensando que eres una pecadora!».

Estas palabras están en total acuerdo con la orientación general de las Enseñanzas de Jesús, la esencia de las cuales es la siguiente:

Para aprender a amar a Dios, uno debe poseer una facultad desarrollada de amar emocionalmente. Esta facultad se adquiere a través del desarrollo de las estructuras bioenergéticas correspondientes, que son, en realidad, los órganos del amor emocional. Entre estas estructuras, el chakra anahata desempeña el papel principal.

El desarrollo de las estructuras del organismo responsables del amor emocional, llamadas conjuntamente «centro emocional», [103] puede lograrse tanto de manera natural, exotérica (a través del desarrollo de la actitud ética correcta hacia cada persona y hacia todos los otros seres vivos en todos los aspectos de la vida, incluyendo las relaciones sexuales) o por medio de métodos especiales, esotéricos, de trabajo con las estructuras mencionadas.

Sólo si hemos desarrollado este «centro emocional», podremos dirigir nuestro amor hacia Dios también, y no sólo con nuestras mentes, sino también con nuestros «corazones». Pues el amor emocional es el mecanismo que conecta a una persona con otra y a una persona con Dios.

Las Enseñanzas de Jesús el Cristo contienen muchas instrucciones sobre cómo aprender a amar emocionalmente con la ayuda de los métodos exotéricos. Veamos, por ejemplo, los siguientes preceptos del Nuevo Testamento:

«Un mandamiento nuevo les doy: ¡Que se amen unos a otros! (…) De este modo todos sabrán que son Mis discípulos, si se aman los unos a los otros» (Juan 13:34-35).

«¡Éste es Mi mandamiento para ustedes: Que se amen unos a otros!» (Juan 15:17). «¡Ámense los unos a los otros con amor fraternal (…)!» (Romanos 12:10). «¡Salúdense unos a otros con un beso sagrado!» (2 Corintios 13:12).

«Sobre todo, tengan amor ferviente entre ustedes, porque el amor cubre multitud de pecados» (1 Pedro 4:8).

«Si alguien dice: "Yo amo a Dios", y odia a su hermano, ¡es un mentiroso! (…)» (1 Juan 4:20).

«¡Amados! ¡Amémonos unos a otros, porque el amor es de Dios! (…)» (1 Juan 4:7).

«Dios es Amor; y el que permanece en amor, permanece en Dios, y Dios en él» (1 Juan 4:16).

* * *

El amor emocional tiene múltiples aspectos. Puede manifestarse como admiración, respeto, devoción, afecto, atención, compasión, gratitud, sensación de ser uno con el objeto del amor, ternura con matices sexuales, disposición para el sacrificio de uno mismo y así sucesivamente. Debemos aprender todos estos aspectos del amor en el camino de nuestro desarrollo espiritual.

Pero no necesariamente debemos amar a cada persona concreta con todos los aspectos del amor.

* * *

Afirmando que las relaciones sexuales pueden desempeñar un papel importante en el avance espiritual de una persona, planteemos la siguiente pregunta: ¿tienen la razón aquellos que hacen el voto del celibato en diferentes corrientes religiosas?

Sí, ellos también —a su manera— tienen la razón.

El hecho es que existen muchas personas para las cuales el sexo egoísta es lo más importante en sus vidas. Su rasgo principal es la lujuria que determina todo su estilo de vida y que frecuentemente viene acompañada con la violencia ruda en las relaciones sexuales, con la indiferencia hacia los intereses del compañero y con el vampirismo bioenergético. Para tales personas, sí, es necesario aprender a controlar sus pasiones primitivas.

A propósito, la causa del vampirismo bioenergético es precisamente el amor pervertido, es decir, el «amor» hacia uno mismo que incluye también el deseo de recibir del compañero en vez de darle, regalarle el propio amor. Pues en muchos casos, son nuestras emociones las que ponen en movimiento nuestras bioenergías. De esta manera podemos llenar a otras personas con bioenergía vivificante o, por el contrario, quitársela.

Si tenemos amor correctamente desarrollado (amor que se manifiesta en darse al otro), tenemos la posibilidad de alcanzar un alto nivel de armonía en las relaciones con otras personas de la misma índole.[14]

O podemos convertir nuestra vida con otros en una pesadilla (tanto para ellos como para nosotros) si empezamos a tratar a los demás de una manera consumista y a *querer* algo de ellos. En este caso, las personas de las cuales queremos algo empiezan a sentirse agotadas y en ellas surge un intenso deseo de evitar el contacto con nosotros. Así que, podemos decir que la mejor manera de destruir el amor es *querer* el amor de otra persona.

Con relación a lo dicho, reflexionemos también sobre otra manifestación del amor pervertido, que son los celos.

«Tres son las puertas del infierno donde el hombre perece: la lujuria, el enojo y la codicia. ¡Por eso el hombre debe renunciar a estas tres! ¡El que se ha liberado de estas tres puertas de las tinieblas, crea su propio bien (…) y alcanza la Meta Suprema!» (Bhagavad-Gita, 16:21-22)[24].

Por lo tanto, aquellos que tienen un deseo sexual descontrolado o egoísta están en lo cierto cuando tratan de suprimirlo —por medio del celibato u otras autorres-

---

[14] A menos que lleguemos a un extremo absurdo comenzando a acompañar nuestro deseo de darse al otro con la violencia en forma de imposiciones fastidiosas de algo al objeto de nuestro amor.

tricciones— con el fin de acercarse a la Perfección espiritual.

Pero también están en lo cierto aquellos que, al no tener los mencionados defectos del amor, usan las relaciones sexuales como una escuela para progresar espiritualmente.

La esencia misma del desarrollo espiritual de una persona se reduce a una sola cosa: desarrollar el amor perfecto hacia todos y hacia Todo [15-25]. En este Camino —durante sus diferentes etapas— pueden utilizarse diferentes métodos, que a veces parecen contrarios.

A propósito, Krishna, Quien dijo las palabras mencionadas anteriormente del Bhagavad-Gita, tenía esposas e hijos.

Recordemos que las relaciones sexuales pueden desempeñar un papel positivo para nosotros siempre y cuando mantengamos una actitud éticamente correcta hacia éstas. Que el objetivo inicial en este caso para cada uno sea aprender a no querer para sí nada de nadie jamás.

Comienzo de la vida sexual y matrimonio

Estoy seguro de que las nociones básicas del conocimiento sexual deben ser enseñadas en la escuela. ¡Gracias a esto se podría evitar tantas calamidades personales!

Especialmente esto concierne a la primera experiencia sexual. ¡Pues ni los chicos ni las chicas saben cómo comportarse en este caso! De aquí, las desfloraciones violentas, embarazos no deseados, la participación de los menores en las relaciones sexuales, etc.

Todos saben, por ejemplo, que realizar un acto sexual con una niña que aún no ha alcanzado la pubertad es algo malo e incluso criminal. Pero ¿por qué? ¿Qué significa esta prohibición? ¿Es solamente un dogma de la moral que puede ser ignorado si «nadie se entera»?

¡Muy pocos varones en nuestro país entienden que la causa para esta prohibición no es moral, sino médica, anatómica!

Los genitales femeninos están preparados para las relaciones sexuales sólo después de que el organismo —desde cierta edad— comienza a producir estrógenos intensamente. Bajo la influencia de éstos, los tejidos genitales empiezan a crecer, lo que los prepara para las relaciones sexuales normales[15]; por lo tanto, un acto sexual prematuro puede causar un grave daño a los genitales no maduros.

Para las chicas, el comienzo de la vida sexual implica la desfloración o ruptura del himen.

Esta membrana, que cierra la entrada de la vagina y que desde luego no tiene ningún significado «religioso», no es un «error de la naturaleza», como fue afirmado por algunos autores, sino una importante protección contra varias impurezas e infecciones. Tal protección es especialmente importante a edad temprana, puesto

---

[15] En el caso de los humanos y otros primates, tal maduración sucede una sola vez en la vida. En el caso de otros mamíferos, los órganos sexuales regresan a su estado infantil, por decirlo así, luego de cada celo (si no hay embarazo), y antes del próximo celo «se vuelven adultos» otra vez.

El celo en los animales sucede de forma cíclica, cada vez que nuevos óvulos maduran en los ovarios.

La gente ignorante puede creer que el celo de los animales y la menstruación de las mujeres son la misma cosa. Pero no es correcto, ya que estos dos procesos ocurren en fases opuestas del ciclo sexual.

que antes de la pubertad, el ambiente químico dentro de la vagina es alcalino (al igual que durante la menstruación a edad más avanzada), y en un medio alcalino, al contrario de un medio ácido, una mayor variedad de microorganismos patogénicos puede prosperar y multiplicarse. En cambio, un medio ácido es natural (fuera de las menstruaciones) en las chicas y mujeres sanas.

La ruptura del himen ocurre usualmente durante la primera relación sexual y es un proceso doloroso.

La ética elemental le requiere al varón minimizar este dolor. Por lo tanto, durante la desfloración (ruptura del himen), él debe entrar a la vagina una sola vez y luego salir; los contactos sexuales subsecuentes no están permitidos hasta que la herida se sane, lo que tarda algunos días.

Cuando la desfloración se realiza de esta manera, las sensaciones dolorosas son mínimas. En caso contrario, es decir, si el varón continúa el coito, las sensaciones pueden volverse extremadamente dolorosas y provocar el shock debido al dolor e incluso la muerte de la mujer.

La chica que está a punto de ser desflorada debe informar a su compañero sobre su condición y, quizás, incluso darle las instrucciones correspondientes.

La falta de cuidado por parte del varón en esta situación señalaría su nivel de desarrollo ético tan bajo que yo no recomendaría ni siquiera continuar la comunicación con él, cuanto menos casarse con esta persona.

En el ambiente religioso pervertido, pueden exigir, como todos nosotros sabemos, que una muchacha se case solamente siendo virgen y que las dos personas contraigan matrimonio «a ciegas», es decir, sin haberse conocido primero para estar seguros de su compatibilidad sexual o siquiera de su capacidad de convivir. Sin embargo, las personas espiritualmente desarrolladas no pueden compartir esta opinión.

Es importante comprender que no todas las parejas pueden hallar la armonía sexual. Y sin tal armonía es difícil imaginar una vida familiar. ¡Tengamos en cuenta que algunas personas —tanto varones como mujeres— son absolutamente incapaces para las relaciones sexuales! Tampoco debemos olvidar factores de incompatibilidad sexual tales como las variaciones anatómicas de los genitales, la incompatibilidad bioenergética y otros.

¿Con quién?

Es poco probable que una persona evolucione correctamente sin conocer la armonía sexual. ¡Y ni siquiera una familia armoniosa puede formarse sin esto!

Por lo tanto, generalmente, para convertirse en una pareja estable y armoniosa, ambos compañeros deben obtener alguna experiencia sexual previa, por supuesto, tomando todas las medidas necesarias contra las enfermedades de transmisión sexual y usando los métodos anticonceptivos (aquellos que previenen embarazos no deseados). La obtención de este tipo de experiencia en sí no debe ser considerada de ninguna manera como un «pecado» (pueden leer en detalle sobre lo que está permitido por Dios en las relaciones sexuales y lo que no en los libros [19,24]).

¡Que el sexo nunca se convierta en un mero entretenimiento! ¡Que no sea un medio para satisfacer la propia lujuria (pasión sexual egoísta)! El sexo es éticamente «legítimo» cuando se usa como una manera de expresar y dar nuestro amor y de encontrar la armonía mutua.

Con todo, tiene sentido dar nuestro amor en su manifestación sexual sólo a compañeros dignos.[16] Pero ¿cómo entender de antemano quién es digno de tal regalo?

Para esto sería bueno estudiar la filosofía de nuestra existencia en la Tierra, lo que permitirá comprender, entre otras cosas, el significado de nuestras vidas y las leyes de la Evolución de la Conciencia (Pueden leer acerca de esto en los libros [15-25] escritos en un lenguaje comprensible para todas las personas desarrolladas).

Aquellos que estudien dichos libros comprenderán que las personas se distinguen por sus edades evolutivas, lo que, a su vez, determina el potencial espiritual de cada persona. Entender qué posición ocupamos en la «escalera» de la ascensión espiritual y qué posiciones ocupan otras personas, nos permite determinar de una mejor manera a quién podemos ayudar y de quién podemos aprender.

Por supuesto, cuando digo «aprender», no me estoy refiriendo al sexo. Pues evolucionando, aprendemos casi todo principalmente el uno del otro. Y si no buscamos solamente unos entretenimientos pasajeros en nuestras relaciones sexuales, sino que tratamos de establecer contactos serios y duraderos, tenemos la posibilidad de estudiar profundamente la experiencia de la vida de otras personas, añadir algo de ésta a la nuestra experiencia y también enriquecer a los demás con la experiencia que tenemos.

Aparte de esto, es muy provechoso aprender a enamorarse de las personas y a unirse con ellas con el alma. ¡Esto nos puede ayudar en el futuro a unirnos con nuestro Amado Principal!

---

[16] Una explicación exhaustiva de la «teoría de los regalos» está presentada en el capítulo 17 del Bhagavad-Gita [24].

* * *

Una de mis conocidas —física con título universitario— me dijo una vez: «He tenido —en diferentes tiempos— diferentes amantes y estoy agradecida con todos ellos por lo que he aprendido de cada uno».

Me gustaron sus palabras.

Sin embargo, su próximo amante resultó ser un drogadicto experimentado que creía transitar su «camino espiritual» a través de las drogas. Y ella empezó a aprender de él. Nunca más la vi…

En la última situación, sin duda, no debemos imitarla.

Por otra parte, eso no le habría pasado si ella hubiera comprendido cuál era el significado de su vida y hubiera estudiado la metodología del autoperfeccionamiento espiritual.

* * *

Muchas personas sufren porque no logran llegar a ser sexualmente atractivas o deseadas o crear una familia. De aquí, depresión, alcoholismo, otras adicciones, suicidios…

Sin embargo, la solución para este problema es muy sencilla: hay que simplemente «abrir» el chakra anahata y empezar a desarrollarse como corazón espiritual. Gracias a esto, en un lapso muy corto, sucede la transformación radical de toda la apariencia de la persona, incluyendo su rostro. ¡Sus reacciones de conducta también cambian, puesto que ella o él ya no percibe el mundo como un ambiente hostil! Su campo bioenergético adquiere las propiedades gracias a las cuales los demás comienzan a disfrutar de la comunicación con tal persona y a buscar su compañía.

Y es posible mejorar aún más esta situación si uno empieza a enseñar esta verdad tan sencilla a los otros.

Gunas y sexo

Gunas es un término que denota cierta combinación de cualidades de las almas humanas principalmente. En total hay tres gunas (pero existen también estados «por encima de las gunas», es decir, estados Divinos [24]).

La guna tamas es la ignorancia, la grosería, la violencia y la maldad.

La guna rajas es un estado más puro, pero intensamente apasionado.

La guna sattva es la pureza, la paz, la claridad de la comprensión y la armonía.

Si un representante de la guna tamas desencarna sin haber cambiado su estado, entonces «cae» inevitablemente en el infierno. En cambio, los representantes de la guna sattva se establecen en el paraíso después de desencarnar. Y las personas de la guna raja pueden encontrarse en los estados intermedios (para más detalles ver [16-19,21-25]). Por eso es para el bien de cada uno, después de estudiar los métodos de autotransformación, esforzarse con el fin de llegar a sattva (y luego más allá).

En el contexto de este libro, podemos examinar las manifestaciones de la sexualidad de los representantes de cada guna.

Así, la sexualidad tamásica es grosera, primitiva y egoísta.

La rajásica tiene algunas trazas de egoísmo y es apasionada.

La sexualidad sáttvica, en cambio, es tierna, cariñosa, atenta, armoniosa y no fastidiosa.

Desde el punto de vista espiritual, sólo la última tiene valor y con su ayuda es posible establecerse en sattva y ayudar a otros en esto.

Muchas más mujeres que varones tienen cualidades sáttvicas. Es un hecho. Los varones, por lo común, tienen que trabajar especialmente sobre sí mismos para hallar el sattva. Haciéndolo, ellos pueden, entre otros métodos, tomar a las mujeres sáttvicas como ejemplo.

Ya hemos mencionado que incluso las hormonas femeninas contribuyen al desarrollo del sattva en una mujer (aunque no todas ellas aprovechan esta oportunidad).

Pero ahora prestemos atención al hecho de que hasta la estructura anatómica de un cuerpo femenino saludable es un excelente patrón de referencia con el cual los varones pueden sintonizarse desarrollando y refinando de esta manera su esfera emocional.

¿Por qué, por ejemplo, las glándulas mamarias femeninas atraen tanto a los varones? Porque una de sus características principales es la ternura.

La piel y todo el aspecto de una mujer sáttvica también tienen esta característica.

¡Y que las mujeres se den cuenta de que pueden ayudar espiritualmente a los varones dignos de tal ayuda! ¡Y que los varones amen tiernamente a sus ayudantes femeninas dignas de esto!

Es un hecho curioso que las glándulas mamarias de todos los mamíferos, excepto los humanos, se hacen pronunciadamente visibles sólo en el período de lactancia. ¡En cambio, las glándulas mamarias de las mujeres están siempre pronunciadamente visibles desde que alcanzan la pubertad!

¿Por qué es así? ¿Por qué las mujeres que no están lactando deben llevar durante casi toda su vida esta carga «excesiva» en sus cuerpos? ¿Cuál fue el propósito del Creador cuando introdujo esta información en los genes humanos?

Su plan era exactamente de lo que estamos hablando ahora.

Cuando una mujer recibe los besos y las caricias de las manos de un varón en sus pechos, el fuego del amor se enciende en su chakra anahata conectado directamente con sus glándulas mamarias por medio de unos grandes canales energéticos. ¡Como resultado, su corazón espiritual crece! Y también crece su potencial espiritual, el cual ella podrá realizar plenamente si luego dirige su ardiente amor hacia Dios.

Y el varón, acariciando a su amada, conscientemente o no, se sintoniza con su amor sutil y se asemeja a ella.

Todas las personas que se aman tiernamente experimentan esto. ¡Con todo, estos estados muy elevados desaparecerán y se perderán fácilmente si no entendemos la importancia fundamental de éstos para nuestro crecimiento espiritual, para nuestro acercamiento a Dios y conocimiento directo de Él!

Por eso es tan importante tener el conocimiento completo sobre Dios, sobre los principios de la Evolución de la Conciencia y sobre las leyes del crecimiento espiritual. Siempre y cuando amemos *conscientemente*, el aspecto sexual de amor podrá ayudarnos en la evolución de las almas. Este es el conocimiento que nosotros presentamos en nuestros libros [15-25].

* * *

Jesús el Cristo enseñaba así a los varones que Lo escuchaban:

«(...) les digo que después de Dios sus mejores pensamientos deben pertenecer a las mujeres y a las esposas; la mujer para ustedes es un templo divino donde obtendrán fácilmente la dicha perfecta. Obtengan en este templo la fuerza espiritual. Aquí se olvidarán de sus dolores y fracasos y recuperarán la energía perdida necesaria para ayudar a su prójimo» (Ver [24]).

* * *

¡El erotismo sáttvico en las artes (danza, fotografía, pintura, etc.) también debe ayudar al crecimiento espiritual de las personas saturándolas de sutiliza, ternura y belleza!

Sexo en el Camino espiritual

Los métodos de trabajo espiritual —si los consideramos muy generalmente— pueden ser divididos en dos grupos principales:

1) Los métodos «rituales» utilizados por creyentes que estudian la información básica sobre la religión (si esta información es correcta o no es otra cuestión) y se acostumbran (con la ayuda de ritos, entre otras maneras) a la idea de la existencia de Dios.

2) Los verdaderos métodos esotéricos entre los cuales se encuentran las psicotécnicas especiales que ayudan a los buscadores dignos a aprender a limpiar y a desarrollar las estructuras energéticas de sus organismos (chakras y meridianos principales), a transformarse en grandes corazones espirituales y luego avanzar hacia el

conocimiento personal y directo de Dios en Sus varias Manifestaciones, entre las cuales está el Creador.

Debemos destacar enseguida que los principios éticos examinados en este y otros libros [15-25 y otros] son fundamentales para todos los buscadores espirituales y deben ser practicados, entre otros casos, en sus relaciones sexuales.

El más importante de estos principios es no hacer daño a otros seres vivos (ahimsa).

Este principio puede ser cumplido sólo a condición de suprimir dentro de uno mismo las tendencias egoístas. Aquellos que no se han esforzado lo suficiente para llevar a cabo lo antedicho no tienen derecho a practicar los métodos esotéricos. En caso contrario, Dios detendrá a tales candidatos por medio de diversos cataclismos en sus vidas, lo que, a su vez, puede provocar trastornos mentales, entre otras consecuencias.

Para dominar exitosamente los métodos esotéricos de trabajo espiritual, uno necesita mucha energía. Su cantidad depende, entre otros factores, del estado del sistema de chakras. Una de las maneras naturales de estimular este sistema es a través de una vida sexual armoniosa. Es poco probable que aquellas personas que no hayan pasado por este tipo de experiencia alcancen algún progreso serio en el trabajo espiritual. Es difícil incluso imaginarlos trabajar con la kundalini y con la creación de los dharmakayas, que son macroestructuras estables de la conciencia refinada, formadas fuera de los límites del cuerpo físico y compuestas de los análogos gigantes de los chakras.

También existe otro factor que confirma la conveniencia de la vida sexual para los buscadores espirituales. El hecho es que el anhelo vehemente por conocer al Creador debe predominar en la vida de tales personas y ninguna cosa, como, por ejemplo, la insatisfacción sexual, debe afectar este anhelo. En otras palabras, sería conveniente que el buscador espiritual tenga la posibilidad de «descargar» el exceso de su bioenergía sexual en el marco de un matrimonio armonioso.

Con todo, destaco una vez más que el otro compañero debe ser necesariamente adecuado tanto según su estado de salud como según su nivel de refinación bioenergética y de desarrollo espiritual en general.

También es importante saber que un matrimonio armonioso es extremadamente favorable para el desarrollo correcto de la esfera emocional o, más exactamente, para la refinación de la conciencia a través del desarrollo de emociones tales como la ternura con matices sexuales, la ocupación del otro, la gratitud, etc. Y sin esto ningún avance espiritual serio es posible.

En las etapas iniciales del trabajo esotérico, pueden utilizarse, embelleciendo al mismo tiempo el contacto sexual y contribuyendo a la limpieza y al desarrollo exitoso de las estructuras bioenergéticas, los ejercicios tales como la unión de las energías de dos chakras homónimos del tronco o la rotación colectiva de la energía alrededor de la «órbita microcósmica».

Debo remarcar, sin embargo, que tales técnicas pueden ser provechosas sólo para aquellos que se han establecido en sattva. ¡Estudien en nuestros libros cómo lograr esto y entonces el sexo sáttvico los ayudará a fortalecerse aún más en el estado de sattva!

Conozcamos también la opinión de Jesús el Cristo sobre este tema:

«La ternura es una de las cualidades asombrosas de Dios.

»¡Como Yo quisiera persuadir a todas las personas que viven ahora en el plano material de que empiecen a entender la belleza, la santidad y la grandeza de la sagrada comunión entre dos almas conocida como relación sexual! ¡Si solamente esto fuese logrado, podría contribuir significativamente a la santificación de esa experiencia tan hermosa y bella! ¡Hasta que las personas no perciban el propósito Divino de esta idea, que existe en todos los reinos de la Creación, muchas de ellas pensarán que es una manifestación animal humillante que no tiene nada que ver con el éxtasis de la santidad, un estado jubiloso de unión!

»¡Sé que esto cambiará cuando la gente lea estas palabras! ¡Sé que esto tocará los corazones y transformará a muchos seres humanos! ¡Generará un nuevo impulso inesperado que incitará a las personas a ser conscientes de la gran pérdida y distorsión terrible que ocurrieron a causa de menospreciar aquello que fue ideado como una de las experiencias más sagradas entre dos personas! ¡Esta experiencia posee la unidad, por eso la llamamos sagrada![17] Es una comunión perfecta y santa cuando se realiza como un ritual perfecto entre dos personas llamadas marido y mujer.

»(Pero) bajo ninguna circunstancia, Yo apruebo las relaciones sexuales casuales. (…) Bajo ninguna circunstancia, la ignorancia debe prevalecer manifestándose en las relaciones sexuales casuales; en caso contrario, obtendrán como resultado el caos y la decadencia del mundo». [24,52]

---

[17] Esta frase contiene un juego de palabras en su idioma original (inglés): wholeness — unidad, holy — sagrado (nota del traductor).

* * *

La sexualidad es una función biológica natural de todo organismo maduro y saludable, propia de humanos, animales e incluso plantas en su nivel vegetativo. La sexualidad asegura la reproducción. En el caso de las personas y los animales altamente desarrollados, ésta también contribuye a la socialización de los individuos y la crianza de los niños, al desarrollo de muchas emociones y cualidades éticas invaluables desde el punto de vista de la evolución espiritual.

Sin embargo, una persona espiritualmente desarrollada tiene además la posibilidad de usar su sexualidad conscientemente para acelerar su avance hacia la Perfección espiritual.

Para este tipo de personas la sexualidad es, primero que nada, la esfera de educación ética. En esta esfera cada uno puede recorrer el camino que empieza con la eliminación de los rasgos del egocentrismo primitivo y termina con el control absoluto sobre las propias emociones sexuales y el uso de la sexualidad solamente para el perfeccionamiento espiritual colectivo.

¿Cuáles son las razones por las que ciertos movimientos religiosos tratan de suprimir la sexualidad y profanarla en toda forma posible? Son dos.

La primera era la tendencia justificada de prevenir la difusión de las enfermedades de transmisión sexual en un ambiente poco cultural y evitar el nacimiento de una cantidad demasiado grande de niños, a los cuales era necesario alimentar y «poner en el buen camino» socialmente.

La segunda razón consiste en que los líderes de ciertas sectas (movimientos religiosos que se desviaron de las Enseñanzas originales de Dios) tratan de someter a su «rebaño» inculcándole sentimientos de «culpa» y de «pecaminosidad», diciéndole que son pecadores desde el nacimiento sin ninguna esperanza y que sólo ellos, los «pastores», tienen la autoridad, dada por Dios, para liberarlos de sus pecados. ¡En cambio, la gente, tiene que adorar por eso a estos «pastores», obedecer en todas las cosas y, por supuesto, traerles cada vez más dinero! Este tipo de mentira, debe admitirse, encontró terreno abonado en multitudes de personas poco desarrolladas intelectualmente. Gracias a esta y otras mentiras similares, varias sectas religiosas masivas han podido existir por muchos siglos.

Déjenme darles sólo un ejemplo de la Rusia actual: el nombre de la catedral católica principal en Moscú se llama «Catedral de la Inmaculada Concepción». Yo personalmente ni siquiera me acercaría a las puertas de dicha catedral, pues el nombre mismo de este «templo» declara que a lo largo de la historia de la Tierra, solamente la concepción de la madre de Jesús (que sucedió supuestamente sin la participación de un varón encarnado) fue inmaculada y las otras concepciones entonces están maculadas. ¡Pero esto profana todas estas concepciones y también a todas las madres, a todos los padres y a todos los niños que han nacido, así como todo el amor sexual entre las personas!

¡Cualquier persona razonable entiende que esta profanación no puede venir de Dios, sino de personas impuras y mentirosas! Pues incluso en la Biblia Dios mandó a la gente a «ser fructíferas y multiplicarse» y la actitud cariñosa y tierna de Jesús hacia los niños puede verse claramente en el Nuevo Testamento (pueden estudiar también *Las Enseñanzas Originales de Jesús el Cristo* y el Evangelio de Felipe en el libro [24]).

También existe otra mentira disfrazada de una forma religiosa. Según ésta, cuanto más sexo uno practica, más crece «espiritualmente» debido a la acumulación de la energía sexual en su organismo; e incluso se declara: «¡viva la masturbación!» como un medio para aprender a amarse a uno mismo. He escuchado este absurdo en la televisión y también lo he leído en algunos libros publicados en Rusia en los últimos años. Bajo este mismo lema también organizan clases de «tantra sexual», con la particularidad de que a estas clases y talleres invitan, sin una selección previa, a todos los que lo desean y pueden pagar bien. A veces los programas de estos talleres incluyen las humillaciones de los «estudiantes» y hasta violaciones «rituales» grupales.

Pero todo este disparate y suciedad son el resultado de la ignorancia religiosa o de un simple deseo de los organizadores de hacer dinero a partir de las tendencias lascivas de sus clientes. No hay nada espiritual en este caso.

Ya hemos discutido que solamente la sexualidad de las personas sáttvicas, es decir, aquellas que ya se han refinado como conciencias y se han purificado de las emociones groseras y de las pasiones primitivas, puede ser útil en el Camino espiritual. En cambio, la estimulación de la lujuria de los demás solamente les hace daño. También nada más que daño les espera a las personas sáttvicas si visitan uno de los talleres mencionados. Pues las energías groseras que se desencadenan allí afectarán su sutileza y menguarán su salud.

Es más, poseer un gran potencial energético (incluso si la energía no es grosera) no proporciona de por sí ningún avance o éxito espiritual. Uno debe saber dirigir esta energía —mediante técnicas meditativas especiales— al crecimiento de uno mismo en los eones Divinos. Si uno no lo hace, toda esta energía sexual desencadenada será probablemente utilizada sólo para encender aún más la lujuria, lo que no tiene nada que ver con el trabajo y el progreso espirituales.

¡La *espiritualidad* implica el deseo vehemente de una conciencia (o alma) de encontrarse con el Creador, y no con los cuerpos materiales de los compañeros sexuales![18] ¡La sexualidad, en ningún caso, debe desplazar a Dios! Ésta es solamente un método auxiliar para aquellos que van juntos por el Camino espiritual. (O es simplemente una actividad normal, como comer o dormir, de un organismo sano).

El concepto pseudoespiritual, importado a Rusia, de «amarse a uno mismo» es también pervertido, puesto que este concepto es todo lo contrario al verdadero amor espiritual, donde el «yo» personal y el interés egoísta son olvidados y desaparecen siendo reemplazados por amor altruista y abnegado hacia los otros. Sólo desde el estado de tal amor es posible conocer a Dios y unirse con Su «Yo» Superior.

Además, existe la opinión de que «para el crecimiento espiritual» uno debe abstenerse de sus propios orgasmos. Los que practican este método acumulan en sus organismos la energía sexual (udana) de sus compañeros sin darles a cambio la suya. ¡Pero debemos entender y aceptar que, desde el punto de vista ético, esto es una forma de vampirismo bioenergético, que debe ser considerada únicamente como una manifestación detestable de las cualidades egocéntricas y primitivas más bajas de estas personas!

Igualmente ignorantes son las recomendaciones «espirituales» de nadar desnudos en playas públicas. Los que promueven esto dicen: «¡Que todos miren! ¡No vas a perder nada por eso!». Pero, en realidad, se puede perder mucho, por ejemplo, la salud, y junto con la salud, varios logros espirituales. Una cosa son los baños

---

[18] La palabra *espiritualidad* se originó a partir de la frase evangélica «¡Dios es Espíritu!» (Juan 4:24).

nudistas con amigos sáttvicos, con los miembros del propio grupo espiritual (ver [23-24]) y otra es desnudarse a la vista de personas primitivas que odian a todos y a todo o están obsesionadas con la lujuria. Estas personas pueden llenar con sus propias energías patógenas los cuerpos de sus víctimas solamente mirándolos.

Pues simplemente mirar algo con interés ya provoca un contacto de los indriyas de la conciencia con aquello que se observa y su introducción en el organismo del observado.

Si personas con almas puras contemplan con admiración su belleza, usted recibe de ellas porciones de energía de su amor puro, y entonces tanto usted como ellas se benefician de esto.

Pero desnudarse a la vista de representantes de la otra polaridad da un efecto diametralmente opuesto, es decir, usted puede enfermarse, incluso muy gravemente y por mucho tiempo.

Tampoco debemos olvidar que existe el riesgo de ser violado por esta clase de gente primitiva. En este caso, el daño bioenergético causado a usted puede ser aún más grave.

También quiero llamar su atención sobre el siguiente aspecto ético del nudismo: imponer la propia concepción del mundo a aquellos que no desean aceptarla y para los cuales es desagradable (aun cuando ellos están equivocados objetivamente) es incompatible con el principio ético primordial: «¡No hagas daño!».

* * *

Para finalizar, examinemos otra vez la cuestión «¿Con quién?».

¡Primero que nada, pónganse en el Camino espiritual! ¡Empiecen a buscar a nuestro Creador! Cómo hacerlo está descrito en detalle en nuestros y otros libros espirituales mencionados en la bibliografía. ¡Reúnan a las personas con ideas afines a su alrededor y juntos comiencen el Camino! ¡Deshágense de los indignos! Los indignos son aquellos que ignoran el aspecto ético del trabajo espiritual o no progresan en este aspecto. ¡Junto con el resto y con Dios, Quien necesariamente estará entre ustedes, satúrense del éxtasis de Su Amor! ¡Y de entre sus nuevos compañeros espirituales verdaderos, infaliblemente se encontrará aquel que estará más cerca a usted que cualquier otro discípulo encarnado de Dios!

Cuando las personas tratan de construir sus vidas dándole las espaldas a Dios, cometen muchos errores absurdos y sufren innecesariamente. ¡Pero con Dios —un verdadero Maestro vivo de todas las personas, a Quien es posible conocer si uno sabe lo suficiente acerca de Él y vive de acuerdo con Sus Enseñanzas— todo es mucho más fácil! ¡Y la vida entonces se llena de la felicidad del Servicio creativo y de la felicidad de la comunicación con otros buscadores espirituales que marchan juntos por el Camino hacia Dios! Todo lo que hacemos en este caso se vuelve incomparablemente más dichoso y brillante, todo: el trabajo, el descanso, la comida, el sueño, el amor sexual y la unión en este amor de dos almas puras.

Una vez Dios se dirigió así a una discípula que luego hizo un tremendo progreso en el Camino espiritual:

—¿Me amas realmente?

»Si es así, entonces ¿por qué desaparece esa aspiración apasionada con la que debieras arder todo el tiempo?

»Sólo en los matrimonios terrenales con el tiempo puede surgir la rutina, el aburrimiento mutuo y la apatía.

»¡Pero el amor hacia Mí es —siempre— como la primera vez, es la vida en un éxtasis incesante!

»¡El amor hacia Mí es el anhelo continuo de darse, de entregarse, no es el consumismo!

»Si en nuestras relaciones tu pasión se apaga cada vez, si eres perezosa en este amor, entonces todavía no hay un amor verdadero. ¡Y sin tal amor es imposible alcanzarme!

»Debes asumir la responsabilidad por tu propio destino. No debes depender (ni siquiera inconscientemente) de tu Maestro encarnado. ¡No puedes convertirte en Mí si alguien te arrastra hacia Mí como con una rienda! ¡Puedes unirte Conmigo siempre y cuando conduzcas a otros hacia Mí! ¡Vuélvete una líder espiritual, por lo menos, para ti misma! ¡En vez de ser solamente una ejecutora obediente, sé una líder! ¡Sólo así es posible llegar a Mí!

—¿Cómo puedo aprender a amarte aún más fuertemente?

—Mira los rostros a tu alrededor. En éstos, la tristeza, el aburrimiento, la ansiedad, el cansancio, el rencor... ¡Son infelices, porque no Me aman!

»¡Pero tú no puedes perder el estado de alegría y de júbilo jamás!

»¡Pues Yo soy tu Amado!

»¡No puedes estar triste! ¡Pues estás enamorada del Amado más bello de todos!

»Piensa qué suerte tienes:

»¡Tu Amado no puede morir, ya que es eterno!

»¡Tu Amado no puede dejarte ni por un segundo, ya que es omnipresente!

»¡Él está siempre contigo, dentro de ti y a tu alrededor y te impregna infinitamente con Su amor!

»¡Tu Amado es siempre nuevo! ¡Nunca te aburrirás con Él!

»¡Y nunca podrás dudar que Él te ama, ya que tu Amado consiste de Puro Amor solamente!».

¡Si vives exactamente así, si comprendes que Dios es, en verdad, Amor y que tú también puedes convertirte en ese Amor, e incluso ya lo puedes hacer un poco, entonces podrás sentir que no somos sólo dos amándonos el uno al otro, sino tres: ¡nosotros y Él! ¡Y convirtiéndonos en el Fuego del Amor que arde cada vez más dentro de nuestros corazones espirituales, nos unimos con la Llama Universal Tiernísima y Sutilísima de la Conciencia Divina!

Dos sexos. Sobre el papel del aspecto sexual del amor en la Evolución

La tendencia principal de los procesos que tienen lugar en el Absoluto, tal como fue planificado por el Creador, es el *desarrollo* de las conciencias (o almas) y la *fusión* de Aquellos Que alcanzaron la Perfección en *Uno Solo*, en el *Unido Nosotros*, que es el «*Yo» Superior* (o *Paramatman*).

En el proceso de evolución de las especies biológicas dirigido por el Creador, la mayoría de los seres que habitan en la Tierra fueron divididos en dos sexos opuestos. Este también es nuestro caso en tanto que seres humanos.

Desde el punto de vista genético, la reproducción sexual tiene ciertas ventajas sobre los otros tipos de reproducción. Una de éstas consiste en que la reproducción sexual acelera el proceso de formación de nuevas variaciones dentro de las especies biológicas, lo que, a su vez, contribuye a su adaptación a las condiciones ambientales siempre cambiantes (principalmente, climáticas) y, por lo tanto, a su sobrevivencia.

Sin embargo, ahora para nosotros es importante considerar el otro aspecto, a saber, que las diferencias sexuales anatómicas, fisiológicas y psicológicas no están destinadas —desde la perspectiva psicológica— a separar, sino, por el contrario, a enseñar a los representantes de sexos opuestos a *acercarse,* a *unirse* y a *fusionarse en uno solo.*

En cuanto a nosotros, las personas, es importante entender que el proceso de unión, de fusión de las almas por medio de las emociones del aspecto sexual del amor es lo que nos prepara para la Unión con Dios. (No obstante, en este caso no debemos confundir el amor verdadero con la pasión sexual egoísta; ésta última no es el amor, sino la lujuria o, en otros términos, el *deseo sexual* egoísta). Las personas que no han aprendido a amarse unos a otros tampoco podrán alcanzar la Unión con Dios, ¡pues para enamorarnos de Dios, debemos tener la facultad desarrollada de amar, de enamorarnos y de unirnos en las emociones de amor!

Sólo después de aprender a amar plenamente a los pequeños y grandes objetos de la Creación, llega el tiempo de aprender a enamorarnos de Dios, sin dejar, sin embargo, de amar a estos grandes y pequeños objetos (pero ya no debemos enamorarnos de éstos).

Sobre cómo podemos aprender a amarnos unos a otros, a los demás objetos de la Creación y luego a Dios

Mismo, el Creador nos ha explicado mucho. Pueden encontrar información acerca de esto en los libros [15-25].

El verdadero enamoramiento es la sensación de la propia *consustancialidad* con los objetos o con el objeto al cual dirigimos nuestro amor. Debemos aprender tal unión de las almas primero en el mundo de la Creación, y sólo después, cuando nuestras mentes maduren lo suficiente como para ser capaces de comprender la Grandeza de Dios, podremos dirigir nuestro amor desarrollado hacia Él.

El proceso de conocimiento de Dios no puede realizarse de otra manera que no sea a través de la refinación gradual de la conciencia, lo que permite conocer toda «la escala de emanaciones» (hablando en el lenguaje de Juan Matus [21]) o, en otras palabras, todos los estratos (eones, lokas) del espacio multidimensional. La Conciencia Primordial (o el Creador) es Lo Sutilísimo según esta escala.

¡Y cabe destacar que las emociones del amor tierno, armonioso y sexualmente coloreado refinan las conciencias!

Después de enamorarnos de Dios, nosotros, como almas desarrolladas, nos unimos gradualmente con Él.

Y luego desde Él, desde el estado de Consustancialidad con Él, ayudamos a otros seres encarnados en su desarrollo.

¿Cuál tipo de sexo es «pecaminoso» y cuál no?

En algunas asociaciones religiosas es habitual declarar como «pecaminoso» el aspecto sexual del amor. La causa de esto consiste en que los pastores de tales sectas tratan de parasitar a su «rebaño» y de «aplastarlo con su peso», diciendo a sus integrantes algo como: «¡Ustedes son pecadores sin esperanza, pero tienen la oportunidad de pagarnos para obtener el perdón de Dios por sus pecados!». Con todo, también existe un motivo racional para la limitación de la sexualidad en las poblaciones humanas con bajo nivel cultural. Éste consiste en que la sexualidad «desenfrenada» en aquellas poblaciones lleva a la propagación de enfermedades venéreas u otras y a los embarazos indeseados.

También a veces sucede que las personas que ya deberían dirigir toda su atención sólo a Dios «se atascan» en el deleite sexual de la guna sattva y se detienen en su avance espiritual.

Además, no debemos olvidar que Dios prohíbe «la mezcla de las gunas» durante los contactos sexuales (ver más detalles en los libros [21,23]).

En otras palabras, la «permisividad sexual total» no es bendecida por Dios.

Por otra parte, la sexualidad ética y estéticamente impecable y el erotismo sano y sutil son considerados por Él como factores que contribuyen a nuestro perfeccionamiento espiritual.

Para seguir exitosamente el Camino del autodesarrollo, no hay ninguna necesidad de tener muchas parejas sexuales. Es suficiente tener una sola, pero que tenga ideas afines y se encuentre aproximadamente en el mismo nivel de avance espiritual. Los entretenimientos sexuales masivos, realizados bajo la fachada de supuestas prácticas espirituales no pueden resultar en ningún progreso espiritual. La afirmación de algunos autores de que «cuantas más parejas sexuales tengamos, más crecerá nuestro "poder personal"» es infundada. Por el contrario, allí es donde se esconde la trampa.

El hecho es que en las primeras etapas del desarrollo espiritual a veces es muy difícil notar el cambio del propio nivel de sutileza de la conciencia. Uno puede perder esta sutileza gradualmente y no percibirlo. Es más, cuando el practicante se hace más grosero psicoenergéticamente en estas etapas iniciales, esto le da la sensación del crecimiento de su «poder personal». Pero sólo el crecimiento del poder psicoenergético sutil tiene valor. En cambio, la práctica del sexo con muchos compañeros hace que el nivel psicoenergético de todos los participantes se vuelve igual (se promedia), lo que afecta negativamente a las personas de este grupo que se han purificado más y que, por lo tanto, son más sutiles y más prometedoras.

Sobre la cultura de las relaciones sexuales

¿Qué es *la cultura de las relaciones sexuales*? ¿De qué puede tratarse?

Quiero destacar primeramente que el *sexo vicioso* es el sexo en todas las variantes en las cuales predomine el *egocentrismo*, es decir, el deseo de *recibir para sí* en detrimento del otro o de los otros.

¡Que, por el contrario, la preocupación por los intereses de la pareja prevalezca en las relaciones sexuales! ¡Siempre y cuando ambos compañeros *se den a sí mismos* el uno al otro, la plena armonía puede alcanzarse! ¡Y sólo tales relaciones sexuales son admiradas por Dios, el Testigo constante de todo lo que hacemos!

En cambio, la violencia, en cualquiera de sus manifestaciones, no concuerda de ninguna manera con el principio del rechazo del egocentrismo y, por lo tanto, lleva a que los poseedores de dicho defecto acumulen karma negativo o, en otras palabras, a que empeoren sus destinos.

¡Que en las relaciones sexuales, en vez de la violencia, predomine la ternura sutil y la preocupación por no provocar a la pareja ningún daño o incluso una simple incomodidad!

Con respecto a esto, debemos destacar que la obligación de prevenir el embarazo indeseado corresponde no sólo a la mujer, sino también al varón. Por eso una de las reglas de la cultura sexual consiste en que el varón no tiene derecho a inseminar a la mujer sin su consentimiento claramente expresado.

La prevención de embarazos indeseados puede lograrse mediante diversos métodos anticonceptivos, uno de los cuales es la eyaculación fuera de los genitales de la mujer.

La observación de la higiene elemental, que se manifiesta en la limpieza de los genitales y de las manos, así como en la exclusión de cualquier posibilidad de contagiar a la pareja en el caso de tener siquiera indicios mínimos de alguna enfermedad, es otra regla esencial de la cultura de la vida sexual.

Sobre el «sexo grupal»

De tiempo en tiempo en los medios de comunicación hablan sobre unos u otros grupos que se consideran espirituales y en los cuales se usa prácticamente un único «método del trabajo espiritual»: el sexo en su variante grupal. Permítanme expresar mi actitud hacia este asunto.

¡Pienso que sólo aquellas asociaciones de personas que estudian el conocimiento sobre Dios, sobre el significado de nuestras vidas y sobre las maneras de su realización, así como los principios de la ética, estética y el estilo de vida saludable, la vida para Dios y no para sí mismo, pueden ser llamadas espirituales! También es importante estudiar la naturaleza viva y cómo uno puede, permaneciendo en medio de ésta, perfeccionarse sin hacerle daño. ¡Pues ella es uno de los componentes importantísimos de la Creación de Dios en nuestro planeta y fue creada, entre otros propósitos, para ayudarnos en nuestro desarrollo espiritual!

Hemos hablado mucho en nuestros libros [15,16, 18-22] y películas de cómo uno puede desarrollarse espiritualmente en medio de bosques, prados, estepas, desiertos y depósitos de agua.

¡Y que las personas mismas encuentren la pareja para sí durante tales clases, es decir, entre las personas de ideas afines!

¿Y acaso practicar el sexo a la vista de los demás puede acercarnos a Dios de alguna manera?

Personalmente yo nunca he practicado el sexo grupal, ni siquiera lo he pensado. ¡Pero pude conocer a Dios después de estudiar todo el Camino hacia Él! ¡Inténtenlo ustedes también!

* * *

¡Muchas cosas vanas e inútiles fueron inventadas por las personas debido a la incomprensión del significado de sus vidas y de aquello que Dios quiere de nosotros!

¡Pero conociendo todo esto, es posible limpiar las propias vidas de la basura y realmente perfeccionarse sin malgastar el tiempo regalado por Dios a nosotros para nuestro desarrollo en las condiciones que ofrece una encarnación en el planeta Tierra!

¿Existe la sexualidad «en el otro mundo»?

Sí, existe, pero es diferente.

Antes de profundizar en este tema, menciono, para aquellos que no lo saben, que cada persona después de desencarnarse, normalmente, mantiene la apariencia del cuerpo que tenía en su última encarnación. También mantiene el sexo del cuerpo tanto en la apariencia como en la autopercepción.

Sin embargo, el sexo en su variante «terrenal» no es posible para las personas no encarnadas, ya que ellas no tienen los genitales materiales cuya interacción puede resultar en un orgasmo.

¡Por otra parte, la sexualidad puede tener lugar en la esfera de las relaciones emocionales incorpóreas!

A propósito, es posible observar cómo las parejas que se amaban verdaderamente siguen viviendo unidas después de la desencarnación de ambos integrantes.

Tampoco debemos olvidar que los seres no encarnados se distribuyen por diferentes eones (lokas, dimensiones espaciales), entre los cuales hay eones infernales, paradisíacos y Divinos.

¿Es posible decir que existen manifestaciones de conducta sexual en el infierno? No he estudiado este tema, pero sé que allí reinan la maldad, el odio, la desesperación y el miedo. Sin lugar a dudas, las emociones sexualmente coloreadas, sutiles y tiernas no pueden existir allí. En cambio, existen los deseos sexuales groseros pero sin la posibilidad de satisfacerlos, y los intentos de aquellos seres infernales de «pegarse» a la lujuria de las personas encarnadas groseras lo demuestran.

En cuanto a las moradas paradisíacas y Divinas, en las cuales no hay otros estados, salvo el amor, allí el matiz sexual de las emociones llena la vida de sus habitantes de un éxtasis superior.

Los seres encarnados pueden, en muchos de los casos, unirse hasta cierto grado mediante sus genitales. ¡En cambio, los seres no encarnados se interpenetran y se unen totalmente siendo almas desnudas (de los cuerpos materiales y de otros vestidos)! Además, ellos pueden añadir a su amor un matiz sexual, entrando fácilmente en los estados extáticos, intensos y prolongados. Estos estados son especialmente vividos entre las Almas altamente desarrolladas en su evolución. El término inglés *Supreme Bliss* (Éxtasis Supremo) corresponde principalmente a estos estados Suyos. Esas Almas pueden llenar el espacio a Su alrededor con tal Éxtasis, permitiendo a los discípulos dignos de Dios sintonizarse con Ellas y entrar en el mismo estado con el fin de seguir transformándose, entre otros propósitos.

Como vemos, Dios no rechaza la sexualidad. ¿Por qué entonces algunas personas lo hacen? ¿Tiene sentido dar oídos a su opinión?

La solución es muy sencilla en este caso: la sexualidad debe ser tal como Dios quiere que sea en la personas.

Sobre este tema hemos conversado mucho en esta y en otras conferencias nuestras y libros.

Etapa final de la sexualidad

A partir de los 45-55 años la sexualidad de los representantes de ambos sexos disminuye.

En las mujeres comienza la menopausia (el cese permanente de las menstruaciones). A pesar de esto las ovulaciones a veces pueden seguir sucediendo, lo que crea las condiciones para el embarazo.

Las erecciones de los varones se hacen cada vez más débiles y menos frecuentes y luego desaparecen por completo. Los estimulantes de la sexualidad pueden ayudar en este caso por algún tiempo más, pero luego éstos también pierden su eficacia.

Tal situación a menudo resulta en la violación de la armonía en las familias.

Por eso sería bueno que todos sepan de antemano sobre estas regularidades y comprendan que es una norma, y no una enfermedad, y que esto sucede a todas las personas.

Desde el punto de vista de la racionalidad biológica, este fenómeno existe para que en la reproducción participen los representantes más jóvenes (y, por lo tanto, normalmente más sanos) de diversas especies biológicas.

Menciono que a veces se puede observar personas que tienen una edad avanzada y, al mismo tiempo, un nivel alto de sexualidad. Sin embargo, en estos casos, existe cierta razón para sospechar que estas personas sufren de procesos neoformativos en las glándulas responsables de la producción de las hormonas sexuales.

Los varones en esta edad además empiezan a tener el siguiente problema: debido a la ausencia prolongada de eyaculaciones, la secreción producida por sus glándulas sexuales se hace más espesa. Así aparece el fenómeno llamado *hiperplasia benigna prostática*.

Existen medicamentos que diluyen estas condensaciones; no obstante, al tener tal posibilidad, uno puede aplicar otros métodos para provocar una eyaculación.

Uno de éstos está descrito en mi libro *Comprender a Dios*. Lo cito con algunas reducciones:

«¿Qué es lo más importante para nosotros en las relaciones sexuales? ¡Es la ternura que proviene de la gratitud que uno siente hacia el amado o la amada!

»La ternura-agradecimiento sutilísima y sexualmente coloreada refina la conciencia de la mejor manera. ¡Es uno de los factores sustanciales que contribuyen al progreso espiritual!

»Una tendencia común durante las interacciones sexuales realizadas por una pareja inexperta —una tendencia especialmente propia de los varones— es unir los genitales lo más rápido posible. Esto no es correcto. Para generar las emociones de ternura, el varón primero debe acariciar las zonas erógenas de su amada por mucho tiempo. Entre éstas, se encuentran, por ejemplo, los pezones, la piel de la espalda al nivel de los omóplatos (el área del chakra anahata), el sacro y las nalgas (área en la que predomina el chakra svadhisthana). (Con todo, vale mencionar que hay mujeres para las cuales estas zonas no son erógenas). Luego el varón puede acariciar el clítoris, una de las zonas erógenas más importantes del cuerpo femenino.

»Ambos compañeros en este caso entran en una resonancia emocional, y su ternura recíproca se enciende cada vez más.

»Algunas mujeres experimentan el orgasmo simplemente a través de la estimulación manual del clítoris. (Existen varios tipos de orgasmos femeninos. Los más comunes son los orgasmos que se alcanzan con la estimulación del clítoris, los que se alcanzan con la estimulación del área vaginal debajo del pubis y los que se alcanzan con la estimulación del cuello uterino).

»Una variante típica de las interacciones sexuales puede ser el siguiente:

»Después de una larga estimulación manual del clítoris (la mano del varón debe estar necesariamente limpia), él empieza a estimular la zona erógena vaginal debajo del pubis, lo que lleva rápidamente a su amada a un orgasmo. Luego pueden unir los genitales y seguir deleitándose con la belleza de las emociones de ternura sutilísima, «arraigándose» en estos estados, acostumbrándose a éstos.

»Esta variante de las interacciones sexuales permite a los varones que sufren de una erección débil o de eyaculación precoz participar en éstas.

»Pues cuando los genitales femeninos están lo suficientemente humedecidos, la penetración es posible aun en el caso de una erección débil o incluso sin ésta.

»Después de que ambos compañeros alcanzaron el orgasmo, llega el tiempo para una nueva ola de las caricias realizadas en el estado de calma profunda. Por eso no hay que abandonar el lecho nupcial inmediatamente después del orgasmo.»

Bibliografía

1. Akinfiev I.Y. — Vegetarianismo desde el punto de vista biológico. Ekaterinoslav, 1914 (*en ruso*).
2. Antonov V.V. — Formación del comportamiento sexual en perros. Memoria de una tesis doctoral. Leningrado, 1971 (*en ruso*).
3. Antonov V.V. — Etapas del desarrollo de la sexualidad de los perros machos. «Revista fisiológica de la Unión Soviética», 57,11:1674-1676, 1971 (*en ruso*).
4. Antonov V.V. — El efecto de los estrógenos y andrógenos en el aparato reproductor y el comportamiento sexual de perros hembras. «Revista fisiológica de la Unión Soviética», 57,1:124-125,1971 (*en ruso*).
5. Antonov V.V — La impronta y el reflejo condicionado. «Revista de la actividad nerviosa superior», 21,4:674-680, 1971 (*en ruso*).
6. Antonov V.V. — Etapas del desarrollo de la sexualidad en varones y algunos mamíferos. En: «Psiconeurología, Psicoterapia, Psicología», ed. por A.S. Romen. Alma-Ata, 1972, pp. 127-130 (*en ruso*).
7. Antonov V.V. — Sobre la naturaleza de la orientación sexual. En: «Psiconeurología, Psicoterapia, Psicología», ed. por A.S. Romen. Alma-Ata, 1972, pp. 123-126 (*en ruso*).
8. Antonov V.V. — Sobre el erotismo oral en cachorros. En: «Psiconeurología, Psicoterapia, Psicología», ed. por A.S. Romen. Alma-Ata, 1972, pp. 131-132 (*en ruso*).
9. Antonov V.V. — Sobre el papel que el contacto con la madre desempeña en el desarrollo psíquico de un niño. «Revista de Neuropatología y Psiquiatría», 75, 10:1561-1564, 1975 (*en ruso*).
10. Antonov V.V. — Desarrollo del aparato reproductor en conejos hembras luego de la interrupción de la circulación sanguínea uteroplacental en el día 18

de embarazo. «Obstetricia y Ginecología», 11:59-61, 1977 (*en ruso*).

11. Antonov V.V. — El impacto de la asfixia aguda durante los primeros 10 días luego del nacimiento sobre el desarrollo del aparato reproductor de las ratas. «Fisiología patológica», 6:62-63, 1979 (*en ruso*).

12. Antonov V.V. — El efecto del sygethinum en el comportamiento sexual de ratas hembras no androginizadas y androginizadas el 5º día después del nacimiento. «Farmacología y toxicología», 3:342-344, 1980 (*en ruso*).

13. Antonov V.V. — Teoría de S. Freud del desarrollo psíquico de un niño (Revisión crítica). En: «Autorregulación Psíquica», Vol. 3, ed. por A.S. Romen. Moscú, 1983, pp. 242-251 (*en ruso*).

14. Antonov V.V. (redactor) — Problemas de la autorregulación psíquica. Leningrado. Vol. 1, 1988; Vol. 2, 1989 (*en ruso*).

15. Antonov V.V. — Nuevo Upanishad. Estructura y conocimiento del Absoluto. «Polus», San Petesburgo, 1999 (*en ruso*).

16. Antonov V.V. — Corazón Espiritual. Camino hacia el Creador (Poemas-meditaciones y Revelaciones). «New Atlanteans», 2007 (*en ruso*).

17. Antonov V.V. — Lao Tsé. Tao Te Ching. «New Atlanteans», 2008.

18. Antonov V.V. — Evolución de la Conciencia. «New Atlanteans», 2008.

19. Antonov V.V. — Conferencias en el bosque sobre el Yoga Más Alto. «New Atlanteans», 2008 (*en ruso e inglés*).

20. Antonov V.V. (redactor) — Trabajo espiritual con niños. «New Atlanteans», 2008 (*en ruso e inglés*).

21. Antonov V.V. — ¡Bienaventurados los de limpio corazón! «New Atlanteans», 2008.

22. Antonov V.V. — ¿Qué es la Verdad? «New Atlanteans», 2008.

23. Antonov V.V. — Cómo conocer a Dios. Autobiografía de un científico que estudió a Dios. «New Atlanteans», 2008.

24. Antonov V.V. (redactor) — Obras clásicas de la filosofía espiritual y la actualidad. «New Atlanteans», 2008.

25. Antonov V.V. — Ecopsicología. «New Atlanteans», 2008.

26. Antonov V.V, Khananashvili M.M. — El papel de la experiencia individual en la formación del comportamiento sexual en perros machos. «Revista de la actividad nerviosa superior», 23,1:68-73, 1973 (*en ruso*).

27. Bahl B. — Locura erótica. Kharkov, 1887 (*en ruso*).

28. Babaji Incomprensible. «Haidakhandi Samaj», 1986.

29. Bekhterev V.M. — Perversiones sexuales como reflejos condicionados patológicos. «Revista de psiquiatría, neurología y psicología Experimental», 7-9:357-382, 1914 (*en ruso*).

30. Bekhterev V.M. — Perversiones sexuales y desviaciones a la luz de la reflexología. En: «Cuestiones del estudio y de la educación de una persona», 4-5, ed. por V.M. Bekhterev. Petrogrado, 1922, pp. 644-745 (*en ruso*).

31. Bekhterev V.M. — Actividad reproductiva desde el punto de vista reflexológico. En: «Problemas sexuales a la luz del conocimiento científico», ed. por V.F. Zelenin. Moscú-Leningrado, 1926, pp. 142-181 (*en ruso*).

32. Bekhterev V.M. — Perversiones y desviaciones de la inclinación sexual desde el punto de vista reflexológico. En: «Problemas sexuales a la luz del conocimiento científico», ed. por V.F. Zelenin. Moscú-Leningrado, 1926, pp. 293-325 (*en ruso*).

33. Blokh I. — Vida sexual contemporánea y su conexión con la cultura moderna. San Petesburgo, 1910 (*en ruso*).

34. Brukhanskiy N.P. — Materiales sobre psicopatologías sexuales. Moscú, 1927 (*en ruso*).

35. Vartapetov B.A., Demchenko A.N. — Glándula prostática y desórdenes de la función reproductiva, específicos de cada edad. Kiev, 1970 (*en ruso*).

36. Vereschagin V.G. — Cultura física de los yoguis hindúes. «Polymya», Minsk, 1982 (*en ruso*).

37. Vlasov S. — Tiempo de cosechar frutos. «Molodaya Gvardiya», Moscú, 1984 (*en ruso*).

38. Voronin V. — Hatha Yoga. «Nauka i Zhizn», 5,7,10,12, 1980; 4, 1981 (*en ruso*).

39. Armonía a través del vegetarianismo. «Sociedad para la cultura védica», San Petesburgo, 1996 (*en ruso*).

40. Grenader A.B. — El impacto de la tonificación con el frío y de la natación invernal sobre el organismo. La 2ª Conferencia científica y metodológica sobre la tonificación con el frío y la natación invernal, Minsk, 1967 (*en ruso*).

41. Day, Trevor — Sexo de la «A» a la «Z». «Grand», Moscú, 1999 (*en ruso*).

42. Zhbankov R.G. — Tareas y perspectivas de la tonificación con el frío y de la natación invernal. La 2ª Conferencia científica y metodológica sobre la tonificación con el frío y la natación invernal, Minsk, 1967, pp. 3-9 (*en ruso*).

43. La vida de San Issa, el Mejor de los hijos de los hombres. En: Alrededor de Jesús. «Sociedad para la cultura védica», Kiev, 1993 (*en ruso*).

44. Zhukovskiy M.A. — Endocrinología infantil. «Medicina», Moscú, 1971 (*en ruso*).

45. Zaigraev M. — Vesiculitis. «Gran Enciclopedia Médica», 4:592-595, 1928 (*en ruso*).

46. Zirt — Vida sexual y perversiones sexuales en varones y mujeres. San Petesburgo, 1907 (*en ruso*).

47. Imelinskiy K. — Psicohigiene de la vida sexual. «Medicina», Moscú, 1972 (*en ruso*).

48. Kanel V.Y. — Vida sexual de los niños. Moscú, 1909 (*en ruso*).

49. Keesling B. — Sanación sexual. «Hunter House», 1996 (*en ruso e inglés*).

50. Krishtahl V.V. — Armonía sexual de una pareja casada. Kharkov, 1990 (*en ruso*).

51. Krafft-Ebing R. — Psicopatía sexual. San Petesburgo, 1891 (*en ruso*).

52. Cullen B. — Libro de Jesús. «Orden Cristiana Dorada», 1992 (*en ruso e inglés*).

53. Levenfeld L. — Problemas sexuales. San Petesburgo, 1912 (*en ruso*).

54. Levenfeld L. — Vida sexual y los desórdenes nerviosos relacionados con ésta. San Petesburgo, 1903 (*en ruso*).

55. Levina S.E. — En: «Factores hormonales del desarrollo individual», Moscú, 1974, pp. 172-184 (*en ruso*).

56. Lishak K. y Endrechi E. — Desarrollo de la dominante sexual y su influencia en el reflejo condicionado alimenticio de gatas. En: «Problemas de la fisiología de los sistemas neuronales centrales», Moscú-Leningrado, 1957, pp. 334-342 (*en ruso*).

57. Lishak K. y Endrechi E. — Regulación neuroendocrina de la actividad adaptativa. Budapest, 1967 (*en ruso*).

58. Lombroso P. — Amor entre los locos. Odessa, 1889 (*en ruso*).

59. Mohl A. — Vida sexual de un niño. San Petesburgo, 1909 (*en ruso*).

60. Mohl A. — Sentimiento sexual. San Petesburgo, 1911 (*en ruso*).

61. Okulov A.F. y otros (ed.) — Textos apócrifos de los antiguos cristianos. «Mysl», Moscú, 1989 (*en ruso*).

62. Ramacharaka — Hatha yoga. San Petesburgo, 1914 (*en ruso*).

63. Romen A.S. (ed.) — Autorregulación psíquica. Vol. 1 — Alma-Ata, 1973. Vol. 2 — Alma-Ata, 1974. Vol. 3 — Moscú, 1983 (*en ruso*).

64. Svyadosch A.M. — Neurosis y su tratamiento. «Medicina», Moscú, 1971 (*en ruso*).

65. Svyadosch A.M. — Psicopatologias femeninas. «Medicina», Moscú, 1974 (*en ruso*).

66. Svyadosch A.M. y Antonov V.V. — Sobre los aspectos somático-biológicos de la homosexualidad masculina. En: «Aspectos somático-biológicos de las enfermedades mentales». Leningrado, 1972, p. 62 (*en ruso*).

67. Svyadosch A.M. y Derevinskaya E.M. — Sobre el problema de las inclinaciones patológicas. En: «Materiales de una sesión de la presidencia de todas las sociedades republicanas de neuropatólogos y psiquiatras de Kazajstan y Repúblicas del Asia Central», Alma-Ata, 1964, pp. 21-23 (*en ruso*).

68. Tarkhanov I.R. — Sobre la fisiología del aparato reproductor de la rana. «Russkaya Medicina», 30:555-556; 31:571-573; 32:587-590, 1885 (*en ruso*).

69. Forel A. — Problemas sexuales. San Petesburgo, 1891 (*en ruso*).

70. Khananishvili M.M. y Antonov V.V. — Sobre el papel de los sistemas olfatorio, gustatorio y visual en el comportamiento sexual de perros machos. «Revista de la actividad Nerviosa Superior», 21,5:1071-1072, 1971 (*en ruso*).

71. Haig A. — Dieta y su relación con fuerza, resistencia, entrenamiento y atletismo. Kiev, 1908 (*en ruso*).

72. Cherkasov V. — Antes de que hagas sufrir a un doctor. «Don», 84, 4:148, 1984 (*en ruso*).

73. Baker H.J. a. Stoller R.J. — Sexual Psychopathology in the Hypogonadal Male. «Arch. Gen. Psychiat.», 18,5:631-634, 1968.

74. Beach F.A. — Coital Behavior in Dogs. III. Effect of early isolation on mating in males. «Behaviour», 30, 2-3:218-238, 1968.

75. Beach F.A. a. Wilson J.R. — Mating Behavior in Male Rats after Removal of the Seminal Vesicles. «Proc. Nat. Acad. Sci. USA», 49,5:624-626, 1963.

76. Clark G. — Sexual Behavior in Rats with Lesions in the Anterior Hypothalamus. «Am. J. Physiol.», 137, 4:746-749, 1942.

77. Dorfman R.I. a. Shipley R.A. — Androgens. NY-London, 1956.

78. Dörner G. — «J. Endocrinol.», 42,1:163-164, 1968.

79. Dörner G. — «Endokrinologie», 56,3:280-291,1970.

80. Dörner G. — Sexualhormonabhangige Grehrndifferenzierung und Sexualitat. Jena, 1972.

81. Dörner G. — In «Integrative Hypotalamic Activity», ed. by D.F.Swaab a. J.P.Schade. «Progress in Brain Res.», 41:221-238, 1974.

82. Dörner G., Docke F. a. Hinz G. — «Neuroendocrinol.», 4,1:20-24, 1969.

83. Gorski R.A. a. Wagner J.W. — «Endocrinol.», 76,2:226-239, 1965.

84. Grady K.L., Phoenix C.H. a. Young W.C. — «J. Comp. Phisiol. Psychol.», 59,2:176-182, 1965.

85. Harlow H.F. — The Nature of Love. «Amer. Psychologist», 13,12:673-685, 1958.

86. Harlow H.F. — Sexual Behavior in the Rhesus Monkey. In: «Sexual Behavior», ed. by F.A.Beach. NY-London-Sydney, 1965, pp. 234-265.

87. Kawashima S. — «Annot. Zool. Jap.», 37,2:79-85, 1964.

88. Kikuyama S. — «Annot. Zool. Jap.», 34,3:111-116, 1961.

89. Kikurama S. — «Annot. Zool. Jap.», 35,1:6-11, 1962.

90. Kinsey A.S., Pomeroy W.B., a. Martin C.E. — Sexual Behavior in the Himan Male. Philadelphia a. London, 1948.

91. Kinsey A.S., Pomeroy W.B., Martin C.E., a. Gebhard P.H. — Sexual Behavior in the Human Female. Philadelphia a. London, 1953.

92. Larsson K. — Mating Behaviour of Male Rats after Lesions in the Preoptic Area. «Nature», 202,4930: 413-414, 1964.

93. Larsson K. a. Swedin G. — The Sexual Behavior of Male Rats after Bilateral Section of the Hypogastric Nerve and Removal of the Accessory Genital Glands. «Physiol. a. Behav.», 6,3:251-253, 1971.

94. Levine S. — «Science», 144,3615:185-187, 1964.

95. Lurie L.A. — «Am. J. Med. Sci.»,208,2:176-186,1944.

96. McLean P.D. — The Limbic System («Visceral Brain») and Emotional Behaviour. «Arch. Neurol. a. Psychiat.», 73,2:130-134, 1955.

97. MacLean P.D. — New Findings Relevant to the Evolution of Psychosexual Functions of the Brain. «J. Nervous a. Mental Dis.», 135,4:289-301, 1962.

98. Money J. a. Pollitt E. — Cytogenetic and Psychosexual Ambiguity: Klinefelter's Syndrome and Transvestism Compared. «Arch. Gen. Psychiat.», № 6:589-595, 1964.

99. Mosier H.D., Scott L.W., a. Dinsman H.F. — Sexually Deviant Behavior in Klinefelter's Syndrome. «J. Pediat.», 57,3:479-483, 1960.

100. Rajneesh B. — Mustard Seed. Har-Row, «Rajneesh Foundation», 1978.

101. Roeder F. a. Müller D. — Zur Stereotaktischen Heilung der Padophilen Homosexualitat. «Dtsch. med. Wschr.», 94,9:409-415, 1969.

102. Rosenzweig S., a. Hoskins R.G. — A Note on the Ineffectualness of Sex-Hormone Mediation in a

Case of Pronounced Homosexuality. «Psychosomat. Med.», 3,1:87, 1941.

103. Uspensky P. D. — In Search of the Miraculous; Fragments of an Unknown Teaching. NY, 1949; London, 1950.

104. Whalen R.E., a. Edwards D.A. — «Anat. Rec.», 157, 2:173-180, 1967.

Pueden encargar los libros y las películas de Vladimir Antonov en las siguientes páginas web:

http://www.lulu.com/spotlight/spiritualheart

http://astore.amazon.com/spiritual-art-20

http://es.spiritual-art.info/es

Diseño de portada:
Ekaterina Smirnova